Dietmar Pfennighaus

# Warum Sex nicht alles ist

... und wie unsere Sehnsüchte
wirklich gestillt werden

Über den Autor

*Dr. Dietmar Pfennighaus* ist Pädagoge, Therapeut, Theologe und Autor mehrerer Bücher. Bis 1995 war er als Pastor tätig und arbeitet seitdem freiberuflich als Trainer und Supervisor. Seit einigen Jahren forscht er auf dem Gebiet der Stressbewältigung und hat die „Initiative Brennen Ohne Auszubrennen" (IBOA) gegründet.

Dietmar Pfennighaus

# Warum Sex nicht alles ist

*... und wie unsere Sehnsüchte wirklich gestillt werden*

GerthMedien

Die Bibelzitate wurden, soweit nicht anders angegeben, der Lutherbibel entnommen, revidierter Text 1984, durchgesehene Ausgabe in neuer Rechtschreibung.


Darüber hinaus wurde folgende Bibelübersetzung verwendet: Gute Nachricht Bibel. Revidierte Fassung, durchgesehene Ausgabe in neuer Rechtschreibung.

Best.-Nr. 816 117
ISBN 10: 3-86591-117-X
ISBN-13: 978-3-86591-117-9

1. Auflage 2006
Umschlaggestaltung: Hanni Plato
Satz: Die Feder GmbH, Wetzlar
Druck und Verarbeitung: GGP Media GmbH, Pößneck
Printed in Germany

# Inhalt

# Ausgangspunkt

## Warum das Thema so „heiß" ist

Eigentlich will ich nur herausfinden, ob ich den Anschlusszug noch erreiche. Deshalb nehme ich das Faltblatt mit den ICE-Reiseverbindungen zur Hand. Jetzt gehen meine Gedanken spazieren und bleiben natürlich an dem einzigen Bild hängen, das mir auf diesem Stück Papier fast ganzseitig entgegenleuchtet: Ein junges Paar sitzt in Schlafbekleidung auf einem Bett. Dass es sich um ein Schlafwagenabteil handelt, für das hier geworben wird, ist kaum zu erkennen. Auch die gefüllten Sektgläser sind nur Dekoration. Die beiden schauen sich erwartungsvoll an – und angesichts der nackten Beine, die den Blick des Betrachters magisch anziehen, wird schnell deutlich: Die Gedanken sollen schnurstracks auf etwas Unausgesprochenes gelenkt werden, das sich (spätestens wenn der Sekt ausgetrunken ist) ereignen wird. So wird mir eingehämmert – weil ich darauf alleine nie gekommen wäre –, dass Nachtreisen mit dem Schlafwagen genau das sind, was ich brauche. Ich habe zwar gar nichts gegen nächtliche Bahnreisen, doch von A nach B zu kommen scheint hier Nebensache zu sein. Im Mittelpunkt stehen die sexuellen Bedürfnisse. So als ob ein Schlafwagenabteil per se das optimale Liebesnest wäre. Weshalb funktioniert eine solche seltsame Verbindung von Gedanken und Gefühlen immer wieder? Wenn auf dem Bild nichts als eine arktische Schneewüste zu sehen wäre, hätte mich das Bild mit Sicherheit völlig kalt gelassen (weil ich eben kein Polarforscher bin).

Nicht nur in der Werbung, auch in anderen Bereichen unseres Alltags werden wir ständig mit dem Thema „Sexualität“ konfrontiert. Das drückt sich unter anderem auch darin aus, dass unverfängliche Begriffe unserer Sprache, die ursprünglich ganz andere Bedeutungen hatten, eine sexuelle Dimension bekommen haben – so wie beispielsweise die Worte „potent“ oder „Unschuld“. Auch wenn unter den etwa 60.000 Gedanken, die mir täglich durch den Kopf gehen, wahrscheinlich im Schnitt weniger als ein Tausendstel mit Sexualität zu tun haben – das Thema hat zweifellos eine starke Anziehungskraft.

Doch was ist an der Sexualität eigentlich so anziehend? Das Leben hat ja so einiges zu bieten, das durchaus einen viel verlässlicheren, länger anhaltenden und oft auch stressfreieren Genuss bietet. Aber nein, wir sollen ausgerechnet mit Sex geködert werden. Doch können ein paar orgasmusgetränkte Momente während eines Flüssigkeitsaustauschs allen Ernstes ein erfülltes, genussreiches Leben garantieren?

Sexualität wäre niemals so ein brisantes Thema, wenn es nicht mit unseren tiefsten Sehnsüchten „verdrahtet“ wäre, die wir besonders stark spüren, wenn wir uns auch nur ansatzweise einsam oder vernachlässigt fühlen oder glauben, zu kurz zu kommen. Wir sehnen uns danach, dazuzugehören, Geborgenheit zu erleben und als Mann oder Frau angenommen zu werden. Wir möchten jemanden bewundern können. Wir wollen leidenschaftlich leben und allem Leistungsdruck entfliehen. Wir sehnen uns danach, uns selbst – mit Körper, Geist und Seele – bewusst wahrzunehmen. Auf den Punkt gebracht wollen wir im Grunde nur eins: der Nichtigkeit und Bedeutungslosigkeit entkommen.

Weil die Unsicherheit in vielen Lebensbereichen so

groß ist, wird die Antwort auf all unsere Bedürfnisse schnell in drei Buchstaben gepackt: SEX. Ja, dass Sex all unsere Sehnsüchte stillen kann, ist so wahr, wie die Erde eine Scheibe ist – platt und überschaubar, wenn man nicht allzu hoch abhebt. Tatsächlich kann Sex all diese Sehnsüchte nur unzureichend stillen. Aber wenn wir unseren Horizont weiten lassen, entsteht genug Freiraum, um uns mit unserer Sexualität zu versöhnen.

## War die Sache mit dem Sex wirklich so eine gute Idee?

Angesichts all des Frustes, den das Thema „Sexualität" verursacht, habe ich mich gefragt, was Gott sich dabei gedacht hat, als er uns als Mann und Frau füreinander schuf und beschloss, ausgerechnet über die Sexualität den Fortbestand der Menschheit zu gewährleisten. Wollte er die Engelwelt im Abendprogramm damit unterhalten, wie wir mit alledem (nicht) zurechtkommen? Als die Erschaffung des Menschen im Himmel geplant wurde, hätte doch jemand Einspruch erheben können, angesichts all des vorprogrammierten Frustes und der Tatsache, dass es dem Menschen offensichtlich zu schwer fallen würde, gelassen mit seinem sexuellen Verlangen umzugehen. Tatsächlich hat Gott, erst *nachdem* er den Menschen als Mann und Frau geschaffen hatte, seiner Schöpfung das Prädikat „sehr gut" verliehen (vgl. 1. Mose 1,27.31).

Natürlich wusste er, dass wir in einer gefallenen Welt mit unserem Wunsch nach der großen Liebe sehr bald an unsere Grenzen stoßen würden. In den Bereichen, in denen wir die stärkste Leidenschaft empfinden, können wir irgendwann auch einem sehr tiefen, vorher nie gekannten Schmerz ausgesetzt sein. An diesem Punkt sind wir Gott sehr ähnlich. Aber machen Sie sich einmal bewusst: An schmerzlichen Erfahrungen werden wir wachsen wie an nichts anderem. Gott konnte sich also bei der Erschaffung der Sexualität sicher sein, dass wir uns trotz aller Schwierigkeiten danach sehnen würden.

## Das Problem ist nicht gelöst, wenn wir dem Thema aus dem Weg gehen

Es wäre also ein fataler Irrtum, die Sexualität zu verachten. Dann würden wir uns nämlich wie der Fuchs in der bekannten Fabel von Homer verhalten, der behauptet, dass die zu hoch hängenden Weintrauben ohnehin viel zu sauer seien. Wenn die Trauben tatsächlich sauer sind, liegt das lediglich daran, dass die Zeit für süße Trauben (sprich: Sex) noch nicht gekommen ist oder für Sie möglicherweise auch niemals kommen wird. Sie sollten deshalb nicht geringschätzig von der Sexualität denken. Denn Sex *kann* auf dem Büfett unseres Lebens zu einem schmackhaften Leckerbissen werden – neben manch anderen Köstlichkeiten.

Es ist grundsätzlich kein Fehler, sich mit der Sexualität zu beschäftigen. In welcher Art und Weise die Bibel das Thema ins Blickfeld rückt, mag manchem vielleicht etwas anstößig erscheinen. Aber Gott hat nichts dagegen unternommen, dass in sein Buch auch eine Sammlung erotischer Gedichte aufgenommen wurde – geschrieben von einem Mann, der mit mehr Frauen geschlafen hat, als die meisten Playboys unserer Tage. Das Alte Testament hält mit Liebes- und Familiendramen nicht hinterm Berg. Auch die Zeugung von Nachkommen wird an vielen Stellen erwähnt. Hochzeiten werden immer wieder als Bild für die Begegnung zwischen Gott und Mensch verwendet. Und das, was dann aller Regel danach im Hochzeitsbett geschah, wird dabei keinesfalls als etwas Schmutziges oder Peinliches dargestellt.

Gelingt es uns wirklich immer, so ehrfurchtsvoll über die sexuelle Begegnung der Geschlechter zu sprechen, wie die Verfasser der biblischen Bücher das taten? Es ist in der Tat schwierig, eine Sprache zu finden, die der Würde der Sexualität gerecht wird.

Wir sind also gefordert, der Sexualität einen guten Platz in unserer Gedanken- und Gefühlswelt zu geben.

## Setzen Sie sich nicht unter Druck!

Im Mittelpunkt dieses Buches steht der Versuch, Antworten auf unsere Sehnsüchte zu geben. Bedenken Sie: Sie halten keinen (getarnten) Sex-Ratgeber der „üblichen Art“ in Ihren Händen. Damit gehe ich von vornherein der Gefahr aus dem Weg, den Druck nur noch zu erhöhen, weil sich die Ratschläge dann doch nicht (so einfach) umsetzen lassen. Wenn ich Ihnen „Tipps, wie Sie in zehn Schritten garantiert Ihre Probleme loswerden“ gäbe, würden Sie sich möglicherweise wie ein Flugpassagier fühlen, dem der Kapitän Folgendes erklärt: „Leider sind unsere beiden Bordtoiletten kaputt, sodass Ihnen heute kein WC zur Verfügung steht. Das bedauern wir sehr. Als Entschädigung servieren wir Ihnen zusätzlich ein Getränk Ihrer Wahl gratis.“

Mit so genannten „Geheimrezepten“ würde ich Sie im Regen stehen lassen. Deshalb sei gleich vorweggenommen: In diesem Buch wird so manches ungeklärt bleiben. Manche Rätsel werden wir erst verstehen, wenn wir einmal bei Gott sind. Außerdem habe ich auch bewusst Dinge offen gelassen, weil unsere Lebenssituationen sehr verschieden sind. Aber ich möchte Ihnen einen

Weg zeigen, auf dem Sie – ob als Single oder als Verheirateter – entspannter und gelassener mit dem Thema „Sexualität" umgehen können. Sich um jeden Preis einen Partner beziehungsweise Glück in der Partnerschaft verschaffen zu wollen, gleicht dem Versuch, einen Maulwurf als Gärtner zu engagieren. Es kommt zwar etwas in Bewegung, aber nichts Wertvolles dabei heraus.

Wenn Sie erkennen, wie Ihre wahren Sehnsüchte gestillt werden können, dann ist es nicht mehr so wahnsinnig wichtig, ob Sie in Ihrem Leben sexuelle Erfahrungen machen, beziehungsweise wie großartig Sie das Einswerden mit einem Partner erleben. Wenn Sie anfangen, sich nicht mehr so sehr auf das „Thema Nr. 1" zu fixieren, werden Sie Gelassenheit erfahren.

## Zum Aufbau des Buches

In jedem der folgenden sieben Kapitel steht eine unserer tiefsten Sehnsüchte, die mit der Sexualität in Verbindung gebracht werden, im Mittelpunkt. Die Kapitel zeigen in jeweils drei Schritten auf, wie Sie zu einem versöhnten Umgang mit der eigenen Sexualität gelangen können:

*Schritt A – Was ist eigentlich mein Bedürfnis?*

In diesem Abschnitt soll deutlich werden, was das Verlangen *hinter* dem Verlangen ist. Wenn Sie das erkannt haben, müssen Sie nicht an dem Versuch scheitern, mit Hilfe der Sexualität einen Ausgleich zu einer viel komplexeren Sehnsucht schaffen zu wollen.

*Schritt B – Wie kann mein Bedürfnis erfüllt werden?*

Hier werden die Fragen beantwortet: Was brauche ich, um meine Sehnsucht stillen zu können? Was können wir Menschen im Hier und Jetzt einander geben und worauf müssen wir warten, bis wir einmal bei Gott sind?

In diesem Abschnitt wird veranschaulicht, wie wir noch entspannter mit unseren Grenzen umgehen und wie wir unsere Möglichkeiten der Bedürfniserfüllung ausschöpfen können.

*Schritt C – Wie kann ich versöhnt mit mir, meinen Wünschen und damit auch mit der eigenen Sexualität leben?*

Im letzten Teil eines jeden Kapitels geht es darum, welche Auswirkungen die gewonnenen Einsichten auf einen versöhnten Umgang mit der eigenen Sexualität und der eigenen Lebenssituation haben. Sie werden erleichtert feststellen, dass sich Ihre Sorge, leer auszugehen, verringert und Sie nicht mehr so verbissen die Erfüllung Ihrer sexuellen Bedürfnisse einklagen müssen. Abschnitt C enthält außerdem in den meisten Kapiteln Impulse, die sich speziell an Singles beziehungsweise an Verheiratete richten.

Bei den Beispielen aus meiner Beratertätigkeit oder meinem Bekanntenkreis sind natürlich Namen und unmaßgebliche Einzelheiten so weit geändert, dass auch in meinem Lebensumfeld keinerlei persönliche Zuordnung möglich ist.

Wie es mit allen schwierigen Themen ist, so lässt sich auch das Thema „Sexualität“ nur mit Humor bewältigen. Deshalb habe ich – wie Sie vielleicht schon bemerkt haben – so manchen provozierenden Gedanken eingeflochten.

Nun bete ich dafür, dass Ihnen dieses Buch hilft, gerade an den Punkten, an denen Sie sich im Moment besonders reiben, weiterzukommen, um noch versöhnter mit sich und Ihrer Sexualität, aber auch mit Gott und Ihrem Nächsten leben zu können.

# 1. Die Sehnsucht nach einem Partner

In einem Park wurde einmal ein Mann von der Polizei angesprochen. Auf die Frage, wer er sei, antwortete dieser: „Ja, wenn *Sie* mir das sagen könnten!“ Dieser Mann war nicht etwa geistig verwirrt, sondern ein Philosoph.

„Wer bin ich und wo gehöre ich dazu?“ – ein Leben lang sind wir damit beschäftigt, zwischenmenschliche Beziehungen aufzubauen und unseren Platz im Leben zu finden. Dass uns dieses Thema so unablässig beschäftigt, fällt mir beispielsweise auf, wenn ich Menschen treffe, die an meinen Seminaren teilnehmen. Die meisten sind sich in den ersten Minuten noch unsicher, wer und was da auf sie zukommt. Während sie einen Platz im Raum in Besitz nehmen, fragen sie sich unbewusst: *Bin ich hier richtig und passe ich hier in Anbetracht meines Alters, Geschlechts, Berufs, Familienstands usw. überhaupt hinein?* Erst wenn man sich einigermaßen sicher fühlt, ist man auch wirklich offen, sich mit anderen Dingen zu beschäftigen.

## A. Unser Sicherheitsbedürfnis

Als die Nachricht über die Trennung der siamesischen Zwillinge Lea und Tabea um die ganze Welt ging, berichteten die Zeitungen über das Mädchen, dass die Operation überlebt hatte: „Ihr Zustand ist kritisch, aber stabil.“

Ist dieser Satz auch eine treffende Beschreibung für unsere Befindlichkeit? *Wieso*, werden Sie jetzt vielleicht denken, *ich war doch schließlich mit niemandem verwachsen und wurde demzufolge auch nicht getrennt.* Aber vielleicht kann man die Situation am Beginn unseres Lebens doch mit einer radikalen Trennung vergleichen: Die schrittweise Abnabelung von unserer Mutter war ja nur der Auftakt zu all den Veränderungen, durch die wir immer wieder in einen kritischen Zustand geraten.

Wir Menschen fürchten diesen kritischen Zustand – das Alleingelassenwerden und das Gefühl der Verlassenheit – mehr als alle anderen bedrohlichen Erfahrungen in unserem Leben. So sehnen wir uns nach der Nähe anderer, weil wir wissen, dass sich gemeinsam selbst die schwierigste Situation meistern lässt.

### *Unser Bedürfnis, etwas zu erreichen und darzustellen*

Vom Beginn unseres Lebens an versuchen wir, auf uns aufmerksam zu machen. Viele träumen davon, irgendetwas Großes zu leisten, um im Wettstreit mit anderen einen der vorderen Plätze ergattern zu können – sprich zu den Erfolgreichen zu gehören.

Ich selbst dachte lange Zeit: Wenn ich erst einmal etwas Bestimmtes erreicht habe, das von anderen anerkannt wird – ein gefragter Referent und Autor zu sein, noch dazu mit einem Doktortitel –, dann werden sich auch die letzten Reste von Selbstzweifel und Minderwertigkeitsgefühlen verabschieden. Doch Fehlanzeige.

Dass ich in den letzten Jahren selbstbewusster und sicherer geworden bin, hatte ganz andere Gründe: Dort, wo ich immer wieder gegen vorgegebene Lebensumstände rebelliert hatte, wurde mir nach und nach klar, dass ich bestimmte Tatsachen in meinem Leben einfach noch besser zu akzeptieren habe: meine Herkunft, die Gott für mich ausgesucht hat, meine Möglichkeiten und Begrenzungen, mein Aussehen und vieles andere. Außerdem habe ich unter anderem dadurch ein bisschen mehr von Gottes unendlicher Liebe zu mir erfahren können.

So sehr wir uns auch glauben machen wollen: Dadurch, dass uns andere Anerkennung entgegenbringen, wird unser Hunger nach Wertschätzung niemals nachhaltig gestillt. Wie sollen wir Selbstbewusstsein entwickeln, wenn wir uns an etwas so Schwankendes wie die Meinungen anderer klammern?!

Wenn es einen massiven politischen Umsturz gibt, dann wechseln mitunter Regierungschefs und Gefängnisinsassen die Plätze. Wird dadurch die Person eine andere – nur weil jetzt anders über sie gesprochen wird?

Oder nehmen wir ein harmloseres Beispiel: Wir wollen einen besonderen Eindruck hinterlassen, indem wir ein neues Kleidungsstück anziehen. Das ist so, als würde man ein Haus neu anstreichen. Die Leute werden nach der Fassadenerneuerung das Haus anders wahrnehmen als vorher – und das, obwohl es auch mit der neuen Farbe das ist, was es schon immer gewesen ist. Sollen doch die Menschen über uns denken, was sie wollen: Die oder der ist zu groß oder zu klein, dick oder dünn, hübsch oder weniger attraktiv. Aber keine dieser Beurteilungen macht eine Aussage darüber, wer wir *wirklich* sind und wo wir hingehören.

### *Unser Bedürfnis nach Nähe*

Oft ist es nicht so wichtig, *was* wir tun, sondern mit *wem* wir etwas tun. Wenn wir jemanden von ganzem Herzen lieben, dann ist es uns ziemlich egal, ob wir zusammen Müll sortieren oder einen Misthaufen umsetzen. Wenn wir aber jemanden nicht ausstehen können, werden wir selbst seiner Einladung zu einem Galaabend nicht folgen.

Woran merken wir, wie sehr wir mit einem anderen Menschen verbunden sind? Vielleicht erkennen wir es daran, wie nahe wir jemanden an uns heranlassen. Geben wir dem anderen bei der Begrüßung die Hand, umarmen oder küssen wir ihn oder nicken nur distanziert?

Wir alle sehnen uns nach Nähe. Doch allein die Intensität des Körperkontaktes sagt noch nicht viel aus, denn sie ist zunächst von kulturellen Vorgaben abhängig. So kämen befreundete Engländer in einer Londoner Coffee-Bar nur im Fall einer Notbeatmung auf die Idee, ihr Gegenüber anzufassen. Französische Freunde dagegen, die sich in einem Pariser Café unterhalten, berühren sich – so wurde beobachtet – durchschnittlich 110-mal pro Stunde.*

Wir sehnen uns in der Regel aber nicht nur nach der flüchtigen Berührung, sondern vor allem nach intensivem Körperkontakt, nach Sex. Wenn unser Körper mit dem des Partners verschmilzt, werden wir uns „vollständiger" fühlen, denken wir. Doch Zärtlichkeit und Erotik können zwar eine bereits vorhandene Verbundenheit unterstreichen, aber die große Liebe *erzeugen* können sie nicht.

Lawrence J. Crabb erzählte einmal, wie er und seine zukünftige Frau bei einem Vorbereitungsgespräch zu ihrer Trauung auf dem Sofa im Pfarrhaus so eng beieinander saßen, dass man kein Schulheft mehr zwischen sie hätte schieben können. Crabb beobachte den Pfarrer und seine Frau. Beide waren Ende 70 und saßen mehr als drei Meter auseinander. Er sah, dass sich diese alten

---

* siehe Bernhard Asbeell/ Karen Wynn: Du bist durchschaut. Luebbe 1996.

Eheleute mit einem einzigen Blick mehr Liebe schenkten als er und seine Verlobte mit all dem Schmusen, Grinsen und Tuscheln. Diese Beobachtung veranlasste ihn, sich zu fragen, wie er jemals zu solch einer reifen Beziehung gelangen könne.**

### *Unser Bedürfnis nach Zugehörigkeit*

Spätestens im Teenageralter träumen wir davon, mit einem anderen Menschen eins zu werden, ihm Liebe und Treue zu versprechen – für alle Zeit und unter allen noch so schweren Umständen. Es ist ein Ausdruck von grenzenlosem Vertrauen, wenn Menschen in der sexuellen Begegnung vom Scheitel bis zu den Fußsohlen spüren können, dass sie nicht ausschließlich für sich selbst da sind. Weil dieses Einswerden von Leib und Seele so etwas Faszinierendes ist, gehören Hochzeiten immer noch zu den fröhlichsten aller Feste.

Menschen, die sich gern haben, lieben einander auch deshalb, weil sie an dem anderen etwas Herausragendes entdeckt haben – etwas, das diesen aus der Menge der vielen anderen möglichen Partner heraushebt. Hierfür einige Beispiele:

- Daniel liebt Tabea, weil sie eine Augenweide ist. Mit ihr kann er sich wirklich sehen lassen.
- Für Marie fällt etwas Ansehen auch auf sie ab, denn ihr Mann ist als praktizierender Hausarzt in ihrer Kleinstadt sehr beliebt.
- Andreas mag an seiner Frau, dass sie schnell durch ihren Witz und ihre Schlagfertigkeit auffällt.

---

** Lawrence J. Crabb: Als Mann und als Frau. Kampf der Geschlechter oder Freude am Unterschied. Brunnen Verlag 1992.

- Victoria schätzt die Zielstrebigkeit ihres Mannes, die ihnen den Erwerb eines Eigenheims ermöglichte.

Wenn man die Vorzüge des anderen nicht schätzt, kann man den anderen auch nicht lieben. Allerdings birgt diese Wertschätzung auch eine Gefahr, und zwar dann, wenn wir uns durch die Eigenschaften des anderen aufgewertet fühlen. Wenn wir uns mit den Federn des anderen schmücken wollen, kann sich unser Gegenüber schnell von uns benutzt fühlen. Er möchte einfach als der Mensch, der er ist, geliebt werden – unabhängig von allen Vorzügen, die wir in ihm sehen. Wie kann sich ein Partner unserer bedingungslosen Liebe sicher sein, wenn er befürchten muss, unsere Zuneigung zu verlieren – und zwar im Falle, dass er durch irgendwelche Umstände seine Attraktivität, sein Ansehen, seinen Humor oder eine andere von uns geschätzte Eigenschaften verliert? Wenn wir unsere Liebe an Bedingungen knüpfen, wird jede Veränderung zum Feind.

Dies gilt nicht nur für eine Partnerschaft, sondern für jede Form zwischenmenschlicher Beziehungen, die über rein geschäftliche Verbindungen hinausgeht. Durch alle Beziehungen, die wir aufbauen, versuchen wir uns ein Zugehörigkeitsgefühl zu verschaffen. Kritisch wird dies nur, wenn wir in unseren Bemühungen, einen Zugang zum Leben des anderen zu finden, fordernd auftreten. Wir sollten uns immer wieder bewusst machen, dass uns kein Mensch die Unsicherheit darüber, wohin wir gehören, endgültig und für alle Lebensbereiche nehmen kann. Niemand wird unsere Sorge, am Ende vielleicht doch übersehen zu werden, besiegen können.

„Es ist unser Problem, dass wir oft zu viel erreichen wollen.“ Ein solcher Satz fordert uns in der Tat heraus. Aber was tun wir uns eigentlich an, wenn wir in unseren Beziehungen und Begegnungen ständig versuchen, irgendetwas zu bezwecken? Machen wir uns auf die Suche nach mehr Gelassenheit!

## B. Der Fixpunkt meiner Zugehörigkeit

In ihrem Kinderbuchklassiker „Das kleine Ich bin ich“* ermutigt die Autorin Mira Lobe die Kleinsten, sich selbst zu entdecken. Die Hauptfigur des Buches ist ein Stofftier, das sich seines Lebens freut, bis eines Tages ein Frosch angequakt kommt und die irritierende Frage stellt: „Wer bist du denn überhaupt?“ Daraufhin gerät das Stofftier in eine tiefe Identitätskrise. Da es diese wichtige Frage nur über die Zugehörigkeit klären kann, besucht es nacheinander die Pferde, Papageien, Vögel, Fische ... Doch es bekommt überall die gleiche Antwort: „Nein, so ganz gehörst du nicht zu uns, denn uns unterscheidet einiges von dir. Aber wir können trotzdem miteinander Zeit verbringen und Spaß haben.“ Doch das reicht dem Stofftier nicht. Es wird traurig und fragt sich, ob es denn überhaupt eine Daseinsberechtigung hat.

Aber wie es sich für ein Kinderbuch gehört, kommt es am Schluss doch noch zu einem Happy End. Wie ein Befreiungsschlag wirkt es, als das Stofftier erkennt: „Ich bin ich!“ Und damit basta. Ich bin einzigartig. Ich habe von jedem etwas. Und das ist mehr als genug.

Meinem Leben und meiner Person voll und ganz zustimmen können ist ein Ziel, aus dem ein großer Gewinn erwächst: Ich werde fähig, mich einerseits nach Sicherheit auszustrecken und andererseits zu gegebener Zeit loslassen können; die Nähe zu anderen zu suchen und

* Mira Lobe: Das kleine Ich bin ich. Jungbrunnen, 17. Aufl., 1992.

gleichzeitig den Anspruch aufzugeben, bis in alle Einzelheiten verstanden zu werden.

Doch die Spannung ist groß: Wir wünschen uns vieles, ohne es einfordern zu wollen. Wer meint, dass es für dieses Problem eine einfache Lösung gäbe, muss wohl ein Außerirdischer sein. Und wer denkt, dieser Aufgabe aus dem Weg gehen zu können, hat mit ziemlicher Sicherheit die notwendige Bodenhaftung verloren.

Als ich noch Student war, diskutierten wir einmal in einem Seminar über das Kinderbuch von Mira Lobe. Dabei blieb meiner Meinung nach die alles entscheidende Frage offen: Wer kann uns helfen, mit voller Überzeugung „Ich bin ich" zu sagen und im Tiefsten zu der Überzeugung zu gelangen, dass das genügt? Die absolute Klarheit darüber, wer wir wirklich sind, werden wir als Menschen niemals bekommen. Nur Gott kennt uns durch und durch. Als Mose Gott nach seinem Namen – also nach seinem Wesen – befragte, antwortete Gott einfach nur mit „Ich bin" (vgl. 2. Mose 3,13–14). „Ich bin ..." Da fehlt doch etwas. Eine solche Formulierung lässt man so nicht stehen, es sei denn, es hat einem aus irgendeinem Grund die Sprache verschlagen. Wir fügen normalerweise noch eine Erklärung hinzu, um etwas über unsere Zugehörigkeit auszusagen oder eine Abgrenzung vorzunehmen.

Bei Gott ist das anders. Er ruht so in sich selbst, dass er keiner Zuordnung bedarf. Er ist auch nicht davon abhängig, dass andere ihn anerkennen und in seiner Person bestätigen. Gott weiß, wer er ist und dass es bis in alle Ewigkeit gut so ist. Wissen, wer ich bin, und ganz in mir selbst ruhen – sehnen wir uns im Grunde nicht alle danach?

Dietrich Bonhoeffer hat in seinem Gedicht „Wer bin ich?" einmal sehr schön beschrieben, wie wir zu uns selbst und damit zu Gott finden können. Bonhoeffer denkt in den ersten Zeilen darüber nach, was andere Großartiges von ihm sagen und wie er sich selbst wahrnimmt. Und er fragt sich: „Bin ich das wirklich, was andere von mir sagen? Oder bin ich nur das, was ich selbst von mir weiß?"*

Im Grunde erlebe ich das auch oft so: Jemand wundert sich darüber, dass ich in manchen Situationen nicht „über den Dingen" stehe und leicht verletzbar bin. Manche meinen, eine Stärke und Selbstsicherheit in mir zu sehen, die ich in Krisensituationen keineswegs an mir erkennen kann. Es gibt auch Gelegenheiten, bei denen ich für einen Menschen gehalten werde, der mit einer großen Lockerheit in der Öffentlichkeit auftritt. Dabei bin ich eher ein schüchterner Mensch. Diese Beispiele machen deutlich: Andere können mir nicht sagen, wer ich wirklich bin. Und auch mein persönliches Nachgrübeln hilft mir nicht weiter, wenn ich mich unsicher oder einsam fühle. Nur eines steht fest und zu dieser Schlussfolgerung kommt auch Bonhoeffer in seinem Gedicht: „Dein bin ich, o Gott."

Gottes Kind zu sein ist in meinem Leben die einzig konstante Größe, für alle Ewigkeit. Wenn ich mir meines Angenommenseins bei Gott nicht sicher bin – was soll mir dann die nötige Sicherheit geben?

## C. Sicherheit gewinnen – ob mit oder ohne Partner

„Herr, ich bin dein – für immer." Wenn wir das immer wieder durchbuchstabieren, können wir anderen Menschen viel gelassener begegnen. Wir werden viel Freude

---

* Dietrich Bonhoeffer: Widerstand und Ergebung. Gütersloher Verlagshaus 2002.

daran haben, gemeinsam etwas zu unternehmen, und dabei von der Unterschiedlichkeit profitieren, anstatt uns daran zu reiben. Das ist dann möglich, wenn wir nicht länger erwarten, mit anderen in allen Lebensbereichen verbunden zu sein, und aufhören, von ihnen zu verlangen, dass sie uns zu hundert Prozent verstehen.

## Für Singles

*Trotzen Sie den Gefühlen der Einsamkeit!*

Michelle hat nie einen Partner gehabt. Sie kam sich irgendwie „übrig geblieben" vor und wurde den Gedanken nicht los, dass irgendetwas mit ihr nicht stimmte. Natürlich wusste sie aber auch, dass das die falsche Schlussfolgerung war. Wenn sie Filme sah, konnte sie gut träumen. Doch im realen Leben war der Anblick von Liebespaaren für sie manchmal wie ein Nadelstich. Auch Müttern ging sie zuweilen aus dem Weg, und das, obwohl (oder weil) sie Kinder sehr gern hatte.

Einmal hörte Michelle während eines Vortrages den Satz: „Nur das, was so sein darf, wie es ist, kann sich verändern." Es war ihr sofort klar, an welchem Punkt ihres Lebens dieser Satz ins Schwarze traf. Sie hatte diese Sackgassen, in die ihre Gefühle ständig gerieten, gründlich satt. Langsam ging ihr auf, wie sie versöhnter mit sich leben konnte.

*Enttäuschungen gehören zu unserem Leben*

An einem Frühlingssonntag setzte sich Michelle mit ihrer Tante in ein Café. Die beiden Frauen waren sich so vertraut, dass Michelle ihr gestehen konnte, dass sie manchmal sehr unter ihrem Alleinsein litt. Die Tante bekannte ihr daraufhin, dass sie sich in ihrer Ehe oft auch einsam fühlte. „Wärst du unter diesen Umständen dann lieber doch nicht verheiratet?", fragte Michelle sie. „Nein", entgegnete diese, „ich bereue meine Entscheidung nicht."

Michelle ging es noch Tage später durch den Kopf: Wenn das Verheiratetsein keine Garantie dafür ist, die Einsamkeit für immer loszuwerden – weshalb sind dann die meisten so wild darauf? Es tröstete Michelle in gewisser Weise, dass wir Menschen – egal, ob mit oder ohne Partner – in einem Boot sitzen und gegen den reißenden Strom rudern, den die Kluft zwischen Wunsch und Wirklichkeit verursacht. Michelle beschloss, weiterhin für einen Partner offen zu sein. Andererseits wollte sie ihre Zeit nicht damit verplempern, auf das vermeintliche „eigentliche Leben" mit Partner zu warten, sondern jetzt ihre Möglichkeiten als Single ergreifen.

### *Erkennen Sie, dass Sie auch ohne Partner ein vollständiger Mensch sind*

Michelle hatte in der Zeitung gelesen, dass einige Singlefrauen in Hongkong zum Valentinstag einen Blumenstrauß an ihre eigene Büroadresse schicken, um bei den Kolleginnen den Eindruck zu erwecken, einen Verehrer zu haben.

Nein, sich mit einem Partner „schmücken" zu wollen – danach stand Michelle nicht der Sinn. Im Gegenteil: Manchmal war sie ein wenig stolz darauf, wie gut sie ihr Leben meisterte – ohne die Ergänzung, die in gut funktionierenden Partnerschaften möglich ist.

Sie hatte davon gehört, dass sich manche Menschen grundsätzlich entweder eher als Gewinner oder Verlierer fühlen. Michelle hatte meistens das Gefühl, zu den Gewinnern zu gehören. Warum sollte die Tatsache, dass sie keinen Partner gefunden hatte, gegen diesen Eindruck sprechen?! Sich nicht in irgendein sexuelles Abenteuer stürzen zu müssen – diese Freiheit empfand sie als etwas sehr Wertvolles.

### *Pflegen Sie Kontakte*

Als Michelle mit einer heftigen Grippe zehn Tage im Bett liegen musste, kam ihr das Singledasein besonders belastend vor. Sie merkte, wie die Angst in ihr hoch kroch: Wer würde ihr bei einem größeren gesundheitlichen Problem beistehen? An wen könnte sie sich wenden, wenn sie all die düsteren Gedanken nicht mehr in den Griff bekam? Gab es einen Menschen, der auch nachts für sie ans Telefon ginge – um mit ihr zu reden, zu beten oder ihr ganz praktisch zu helfen?

Unlängst wurde Michelle von einer allein erziehenden Mutter, die zu ihrem Hauskreis gehörte, früh um fünf angerufen. Die Frau war ganz außer sich, weil sie nicht wusste, wo ihre 15-jährige Tochter die Nacht verbracht hatte. In solchen Notsituationen fand es Michelle völlig in Ordnung, wenn man sich gegenseitig anrief.

Michelle würde diese Art nächtlicher Rufbereitschaft kaum in Anspruch nehmen, das wusste sie. Aber der Umstand, dass so etwas möglich war, hatte sie beruhigt.

Als sie weiter über ihre Situation nachdachte, wurde ihr klar, dass sie im Grunde viele Möglichkeiten hatte, neue Beziehungen aufzubauen und bestehende zu vertiefen. Das war zwar nicht das Gleiche, wie in einer Partnerschaft zu leben, hatte aber keinesfalls einen geringeren Stellenwert. Nach dem Gottesdienst ging sie manchmal auf jemanden zu, der etwas verloren herumstand. So konnte sie ihr eigenes Bedürfnis, wahrgenommen zu werden, einmal vergessen. Und nebenbei: Seitdem spürte sie, dass sie in ihrer Gemeinde viel mehr dazugehörte.

*Was Sie tun können, wenn Sie die Einsamkeit überfällt*

Erst kürzlich hatte Michelle sich an einem Abend sehr einsam gefühlt. Je länger sie grübelte, umso stärker und bedrückender wurde die Vorstellung, dass sie die einzige Frau in ihrer Stadt sei, der es so ging. Aber dann gab sie sich doch einen Ruck. Sie überlegte, wen sie anrufen könnte. Zuerst fiel ihr niemand ein. Sie versuchte, bei zwei ihrer Freundinnen, die weiter entfernt wohnten, anzurufen. Eine der beiden Frauen war zu Hause und freute sich, dass sie sich so gut mit Michelle unterhalten konnte.

Am nächsten Tag notierte sich Michelle in ein paar Stichworten, was sie gegen ihren nächsten „Einsamkeitsüberfall" tun könnte. Und in den darauf folgenden Wochen sammelte sie in einer Schachtel ein paar Utensilien für alle Fälle: eine CD und eine schöne Kerze, eine neu erstandene DVD, ein duftendes Schaumbad und Briefpapier, an das sie eine Notiz heftete, wer von ihren Bekannten sich über so etwas Altmodisches wie einen Brief freuen könnte ... Und von Zeit zu Zeit legte Michelle etwas zu ihren Schätzen dazu. Was in den Karton nicht hineinpasste, waren all die losen Fotos, die sie schon immer in ein Album kleben wollte. Sie erinnerten sie an Menschen, die sie kennen lernen durfte, mit denen sie etwas verband und die sie auf den Bildern gerne neben sich stehen sah. Dabei fiel ihr auf, dass ihr Leben gar nicht so einsam war, wie sie manchmal dachte.

# Für Verheiratete

*Vereinnahmen Sie den anderen nicht und bewahren Sie Ihre Eigenständigkeit*

Sehen Sie es doch einmal so: Ehepartner tragen deshalb einen Ring, damit sie sich bei all ihren Ausflügen im Leben daran erinnern, wohin sie gehören. Ja, mehr noch: Durch die Ringe sind sie wie zusammengeschweißt. Sie sind „eins mit Leib und Seele", wie es die Bibel auf ihren ersten Seiten beschreibt (vgl. 1. Mose 2,24; Gute Nachricht).

Aber dieses Einssein bedeutet nicht, dass sich jeder Partner nur noch über den anderen definieren soll. Einssein auf der einen, Eigenständigkeit auf der anderen Seite – wie können wir mit diesen Spannungsmomenten leben?

Der Junggeselle Paulus ist so geisterfüllt, dass er die Ehepartner ermahnt, sich einander nicht zu verweigern. Seine Begründung klingt in einer auf Individualismus gegründeten Gesellschaft beinahe unverschämt: „Die Frau verfügt nicht über ihren Leib, sondern der Mann. Ebenso verfügt der Mann nicht über seinen Leib, sondern die Frau" (1. Korinther 7,4).

Diese Aufforderung zur gegenseitigen Hingabe bedeutet allerdings nicht, dass wir einen anderen Menschen besitzen können. Dies widerspräche der Würde, die Gott jedem Menschen gegeben hat. Der gleiche Paulus ermahnt uns, dass ein Mann mit seiner Frau liebevoll und rücksichtsvoll umgehen soll (vgl. 1. Thessalonicher 4,4–5) – eben weil die Frau nicht sein Besitz ist.

Noch spannungsgeladener ist Paulus' Aufforderung, dass diejenigen, die einen Partner haben, so leben sollen, als hätten sie keinen (vgl. 1. Korinther 7,29). Damit ist gemeint: Wir sollen unser Eheglück nicht durch vermessene Ansprüche gefährden. Eine endgültige Sicherheit in unserem Streben nach Annahme kann uns der Partner nicht geben, weil er eben auch nur ein Mensch ist. Wenn wir das verstanden haben, ist keine unserer Umarmungen mehr Besitz ergreifend.

Eine Frau erzählte mir neulich, dass sie in der Öffentlichkeit vor allem als die Frau ihres Mannes gesehen und angesprochen wird, der als Unternehmer in ihrem Lebensumfeld sehr bekannt ist. Sie hat sich immer wieder dagegen gewehrt, ausschließlich über ihren Mann definiert zu werden. Deshalb arbeitet sie nicht in seinem Geschäft mit, sondern geht einer anderen Beschäftigung nach. Sie hat erkannt: Wenn sie ihre Eigenständigkeit bewahrt, stärkt das auch ihre Ehe.

### *Weshalb Ihr Partner Sie nicht glücklich machen muss*

Kürzlich fragte mich jemand: „Führst du eine glückliche Ehe?“ Wie sollte ich diese Frage so schonungslos ehrlich beantworten, wie es sich mein Gegenüber erhoffte?

Vieles spricht für ein ungeteiltes Ja: Nächstes Jahr feiern wir Silberhochzeit und freuen uns schon auf das kommende gemeinsame Vierteljahrhundert. Ich kann meiner Frau jeden Tag sagen, dass ich sie liebe. Das ist keine Floskel oder eine Art Pflichtprogramm für mich, sondern ich meine es wirklich so. Wir wissen, dass wir uns beieinander geborgen fühlen und es fast immer genießen können, wenn wir an einem freien Tag Zeit füreinander haben.

Dennoch kann ich, was meine Ehe betrifft, nicht vom ungetrübten Glück sprechen. Erst vorige Woche haben wir uns über etwas lautstark gestritten – jetzt fällt mir gar nicht mehr ein, worum es überhaupt ging. Gestern fühlte ich mich unverstanden und unter Druck gesetzt.

Heute Morgen habe ich mich sehr gedankenlos verhalten. Wenn ich einmal tief in mich hineinhorche, merke ich, dass ich ein Stück weit Geborgenheit und Beständigkeit in unserer Gefühlswelt vermisse.

Aber ich bin mir sicher, dass es so sein darf, wie es ist. Es wäre vermessen, diese letzte Erfüllung unserer Sehnsüchte von unserer Partnerbeziehung einzufordern. Wir können den anderen nicht unsterblich lieben, weil wir selbst sterblich und fehlerhaft sind. Selbst in der Trauformel ist davon die Rede, dass wir einmal (durch den Tod) geschieden werden. Sofern wir diese Einschränkungen und Unzulänglichkeiten akzeptieren, uns mit ihnen versöhnen, eröffnet die dadurch gewonnene Freiheit in unserer Partnerschaft neue Horizonte. Wenn wir keine ungestillten Bedürfnisse mehr hätten, wären wir unerträglich satt. Wer sich nach nichts auf der Welt mehr sehnt – auf den wird sich eine Müdigkeit legen, die so stark ist, dass er sich wie vom Leben abgeschnitten vorkäme.

### *Ohne Geduld geht nichts*

Manche Menschen – überwiegend Männer – glauben, dass mit der Eheschließung die Eroberung des Partners beendet sei. Welch ein verhängnisvoller Irrtum! Tatsächlich ist mit der Trauung lediglich das Fundament dafür geschaffen worden, die ersehnte Geborgenheit zu erfahren. Nun geht es mit dem „Bauen“ erst richtig los. Es reicht nicht aus, auf eine solche Bodenplatte ein paar Möbel zu stellen und dann zu glauben, dass man den nächsten Winter schon irgendwie überstehen wird.

Rebekka und Dirk, die mittlerweile zehn Jahre verheiratet sind und zwei Kinder haben, sind eben mit dem Bau ihres neuen Hauses fertig geworden, als die Softwarefirma, in der Dirk Abteilungsleiter ist, Konkurs anmelden muss. Er findet zwar wieder eine seiner Qualifikation entsprechende Arbeit – aber in einer 300 Kilometer entfernten Stadt. Ein Umzug kommt für sie nicht infrage. So bleibt nur am Wochenende Zeit für Ehe und Familie.

Rebekka und Dirk finden es allmählich immer schwieriger, am Freitag wieder zueinander zu finden. Zu viele Eindrücke haben sich während der Woche angesammelt und hängen noch in den Kleidern. Es ist unmöglich, dem anderen alle Erlebnisse in ein paar Worten zu vermitteln. Und auch der Sex kann das Aufeinanderzugehen nicht erleichtern: Er ersetzt weder das Üben in Geduld und Nachsicht in dieser neuen Situation (in der es oft schwierig ist, den Partner wirklich zu verstehen) noch das Zurücknehmen der eigenen überhöhten Erwartungen. Als Rebekka und Dirk lernen, sich mehr Zeit für die gegenseitige Annäherung zu lassen, wird die gemeinsame Zeit wieder entspannter. Und auch Zärtlichkeit und Sex können sie jetzt wieder genießen.

## Fazit

Gott hat sich den Sex, eine seiner genialsten Schöpfungsideen, für die Partnerschaft zwischen Mann und Frau ausgedacht. Mit diesem „Sahnehäubchen“ hat sich Gott selbst übertroffen – wenn man das so sagen kann. Sexualität ist *ein* Wegweiser zur hingebungsvollen, grenzenlosen Liebe Gottes.

Doch nicht selten passiert es, dass der Sex von Gott ablenkt: Ein Mann verzehrt sich vor Sehnsucht, mit einer oder gar mehreren Frauen intim zu werden. Eine Frau klagt verbissen die Geborgenheit ein, die sie schon immer vermisst hat. Unsere Suche nach immer mehr hat nur zur Folge, dass unser Hunger immer größer wird.

Um sich aus diesem Dilemma zu befreien, ist es hilfreich, sich täglich darauf zu besinnen, wohin wir eigentlich gehören: zu Gott, der uns für alle Ewigkeit Gemeinschaft anbietet. Er stellt uns in ein Netz von Beziehungen, das uns trägt.

Fragen Sie sich doch einmal: „Welche Sonnenstrahlen der Freundlichkeit gab es heute oder in den letzten Tagen in meinem Leben?" Nehmen Sie sich die Zeit, in aller Ruhe darüber nachzudenken. Vielleicht dienen Ihnen die folgenden Punkte als Anregung.

- Ihnen wurde ein Platz oder etwas zu trinken angeboten.
- Eine Verkäuferin hat Sie angelächelt und Sie freundlich beraten.
- Ihr Kollege hat Ihnen bei der Arbeit geholfen, sodass Ihnen jetzt eine Menge Ärger erspart bleibt.
- Jemand hat Ihnen etwas „mundgerecht" serviert – ganz so, wie Sie es mögen, weil es ihm wichtig war, dass Sie zufrieden sind.
- Jemand hat ganz speziell auf Sie gewartet, um mit Ihnen etwas zu unternehmen.
- Sie haben jemandem helfen können oder miterlebt, wie jemandem geholfen wurde, der in Not war. Und Sie konnten sich vergewissern, dass auch für Sie andere da sind, wenn Sie einmal Hilfe brauchen.
- ...

## Impulse zum Nachdenken

Beobachten Sie doch einmal, wie gut Sie die folgenden Sätze innerlich nachvollziehen können. (Aber fühlen Sie sich bitte nicht schuldig, wenn Sie der einen oder anderen Aussage nicht zustimmen können!)

- „Ich habe erkannt, dass ich nicht mehr darum kämpfen muss, zu einem Menschen oder einer Gruppe dazuzugehören."
- „Ich sehne mich immer noch nach absoluter Geborgenheit und Sicherheit. Aber jetzt mache ich mir bewusst, dass das auf dieser Erde nicht zu haben ist. Auch der beste Partner kann mir diese hundertprozentige Sicherheit und Geborgenheit niemals geben."
- „Ich kann ich mich darauf freuen, dass ich eines Tages bei Gott dieses uneingeschränkte ‚Dazugehören' erleben werde. Bis es so weit ist, will ich alle meine – unvollkommenen – Beziehungen so gut gestalten, wie ich kann. Dabei möchte ich auf jede noch so kleine Möglichkeit achten, im täglichen Miteinander Glück zu erfahren."

# 2. Die Sehnsucht nach bedingungsloser Annahme

Als wir als Jugendliche die sexuellen Gefühle entdeckten, hatten wir eine Zeit lang die Vermutung, die Sexualität könnte alle unsere anderen Bedürfnisse in den Schatten stellen. Wir dachten vielleicht, das Verlangen nach Sex würde sogar das Bedürfnis nach Schlaf und Nahrungsaufnahme verdrängen.

Doch bei den Menschen gibt es (im Gegensatz zum Tierreich) ein Verlangen, das in jedem Fall stärker ist: die Sehnsucht, wertgeschätzt zu werden.

Diese Wertschätzung, die jedem Menschen zusteht, gebietet es geradezu, seine eigenen sexuellen Bedürfnisse im Zaum zu halten, damit das Selbstwertgefühl anderer Menschen nicht verletzt wird. Als Jugendliche haben wir unbewusst gehofft, die Sexualität könnte uns die entscheidenden Impulse für unser Selbstwertgefühl geben. Wir glaubten, wenn wir nur mit einem begehrten Menschen ganz eins werden würden, wäre jeder Gedanke, nicht genügen zu können, verflogen.

## A. Unser Bedürfnis nach Geborgenheit

In unseren ersten Lebensjahren haben wir nur überlebt, weil wir Zuwendung erfahren haben. Deshalb kann das Gefühl, mutterseelenallein zu sein und abgelehnt zu werden, auch im Erwachsenenalter als etwas ganz Existenzielles, ja als Todesangst erlebt werden.

Wir vermissen schmerzlich eine tiefe Geborgenheit, von der wir allenfalls im Mutterleib und in unseren ersten Lebensmonaten ein wenig kosten durften. Diese Ursicherheit wiederzuerlangen ist unser tiefster Wunsch. Wir würden alles dafür geben, um dieses Bedürfnis in uns zu stillen.

### *Kein Mensch kann uns unsere Selbstzweifel nehmen*

In dem Film „Cool Runnings“ erklärt ein ehemaliger Bobfahrer: „Ich war danach süchtig, eine Goldmedaille zu gewinnen. Aber ich habe festgestellt: Wenn du dir minderwertig vorkommst, ändert ein solcher Sieg daran gar nichts.“

Und wie ist das mit dem Sex? Auf dem Höhepunkt des Geschehens möchten wir für kurze Zeit alle unsere Selbstzweifel vergessen. Aber wenn wir das Gefühl haben, nicht zu genügen, wird auch das sexuelle Erlebnis daran nichts ändern. Ja, wer sich mit Sexualität berauschen will und gar davon abhängig wird, wird in ein Gefühl der Erniedrigung abrutschen.

Jesus war jemand, der sich vollkommen sicher und wertgeschätzt fühlte. Er kannte seinen Platz und seine Bestimmung. Deshalb konnte er das Notwendige sagen und tun, ohne sich durch Beifallsstürme oder Feindschaftsbekundungen in seinen Entscheidungen beeinflussen zu lassen.

Bei uns ist das oft anders. Wenn wir uns bei jemandem unbeliebt gemacht haben, suchen wir an anderer Stelle nach Zustimmung. Es gibt keinen Menschen, der nicht auch Minderwertigkeitsgefühle kennt. Solange wir auf dieser Erde leben, werden wir mit der Angst leben müssen, von anderen nicht genug beachtet zu werden.

Diese Angst haben natürlich auch diejenigen, durch die wir uns mehr Sicherheit erhoffen. Kein Mensch, auch nicht der Partner, kann uns die Selbstzweifel nehmen. Dieses Dilemma wird durch unsere oft unrealistischen Erwartungen an die anderen noch zugespitzt. Doch Heilung ist möglich, wie folgendes Beispiel zeigt:

Andrea hat in ihrer Kindheit kaum Bestätigung durch andere erfahren. Sie war glücklich, als sie mit 16 Matthias kennen lernte und ihn zwei Jahre später heiratete. Doch bald merkte sie, dass sie geradezu süchtig danach war, Matthias ständig in ihrer Nähe zu haben. Sie ärgerte sich maßlos darüber, wenn er auch nur eine halbe Stunde später von der Arbeit nach Hause kam. Sie hasste dieses Gefühl, enttäuscht zu werden. Die Empfindung hatte durch ihre Vertrautheit für sie aber auch wieder etwas Anziehendes.

Die Vorwürfe, die sich Andrea und Matthias gegenseitig machten, belasteten ihre Beziehung so stark, dass sie eines Tages zu mir in die Beratung kamen. Nach und nach wurde deutlich, dass Matthias gern als der Stärkere dastehen wollte und unbewusst einen wesentlichen Teil dazu beigetragen hatte, dass es zu einem handfesten Konflikt gekommen war. Andrea hatte in Matthias einen Vater gesehen und etwas in ihm gesucht, das ihre Familie ihr nicht geben konnte. Im Gespräch erkannte sie: Selbst wenn ihr Mann in der Lage wäre, alle ihre Bedürfnisse zu stillen, würde sie nicht glücklich werden, denn die Ursache ihres Problems lag in ihrem mangelndem Selbstwertgefühl.

Langsam gelang es Andrea, sich darüber Gedanken zu machen, welche positiven Dinge ihre Eltern ihr mitgegeben hatten. Sie ließ sich auf den Gedanken ein, dass ihre Eltern sie nicht etwa ins Unglück stürzen wollten, sondern ihr das gegeben hatten, was ihnen möglich war. Diese neue Sichtweise half ihr, den Vorwurf, von ihnen zu wenig beachtet worden zu sein, stückweise zurückzunehmen. Nun gelang es Andrea auch fast automatisch, ihrem Ehemann nicht mehr so viele Vorwürfe zu machen. Neulich erzählte sie mir, dass sie mitunter – wenn ihr Mann nach Hause kommt – zuerst irgendetwas Lustiges erzählt, das sie mit den Kindern erlebt oder irgendwo aufgeschnappt hat. Heute können beide mehr über sich selbst lachen. Es gelingt ihnen zunehmend, nicht ständig mit Forderungen an den anderen heranzutreten. Alles, was ich ihnen jetzt noch geben kann, sind meine guten Wünsche.

Wenn wir einmal in der Ewigkeit angekommen sind, wird uns ein Licht (oder besser gesagt ein ganzes Meer von Lichtern) aufgehen, und wir werden erkennen, wie sehr Gott uns liebt. Wir werden entdecken, was er für uns getan und für die Ewigkeit vorbereitet hat. Dann wird niemand mehr daran zweifeln, ob er wertvoll und würdig genug ist. Jetzt können wir nur *glauben*, dass Gott uns liebt, aber eines Tages werden wir es *mit eigenen Augen sehen*. Dieses Sehen „von Angesicht zu Angesicht" wird jeden noch vorhandenen Zweifel zerstreuen (vgl. beispielsweise 1. Korinther 13,12). Aber bis dahin müssen wir uns noch etwas gedulden.

Solange wir noch in dieser Welt leben, sehnen wir uns natürlich nach Bestätigung durch andere Menschen. Aber je mehr wir diese einfordern, desto mehr werden wir enttäuscht werden. Wir stehen vor der großen Herausforderung, unseren Mitmenschen nicht anzukreiden, dass sie uns nicht das gewünschte Maß an Beachtung schenken. Versuchen Sie doch einmal, etwas Nachsicht mit den anderen zu üben, die so viel mit den eigenen Selbstzweifeln zu kämpfen haben, dass sie vielleicht nicht ganz wahrnehmen, was für ein einzigartiger und wertvoller Mensch Sie sind.

## *Wie wir unsere Bedürftigkeit „verwandeln" können*

Es gibt Momente, in denen ich mich wie ein Wurm fühle. Die einzige Fähigkeit, derer ich mir dann noch sicher bin, ist, mich irgendwohin zu verkriechen.

Aber Gott sieht unsere Selbstzweifel und unser Bedürfnis nach Annahme und spricht uns gerade dann an, wenn wir uns ganz klein fühlen: „Fürchte dich nicht, du *Würmlein* Jakob, du armer Haufe Israel. Ich helfe dir, spricht der Herr ..." (Jesaja 41,14; Hervorhebung durch den Autor). Auch den Ausspruch von Winston Churchill finde ich ermutigend: „Wir sind alle Würmchen, nur glaube ich, dass ich ein Glühwürmchen bin." Aber für sich alleine kann keiner von uns etwas gegen die Dunkelheit ausrichten. Erst wenn wir lernen, einander beizustehen, wird der Weg hell werden.

Das erfahren wir gerade dann, wenn wir unsere Bedürftigkeit besonders stark spüren – vor allem in Krisensituationen. Da verlieren Eltern durch plötzlichen Kindstod ihr zweites Kind. Der Schock sitzt tief. Doch als nach etwa einem Jahr die im Inneren verborgenen Vorwürfe überwunden sind, können sie miteinander trauern. Das tut gut, weil es nun möglich geworden ist, sich auf einer tieferen Ebene zu verstehen, als je zuvor.

Beinahe tagtäglich beobachten wir in den Medien oder unserem Umfeld, wie Menschen Schlimmes erleiden – einen geliebten Menschen, ihre Gesundheit, ihren Besitz oder ihre Heimat verlieren. Wenn wir dann aber sehen, wie sie in den Arm genommen werden und ihnen geholfen wird, spüren wir ein wenig Erleichterung, weil ihnen das Allerschlimmste erspart bleibt: keinen Menschen mehr zu haben, der ihnen zur Seite steht. Und manchmal ist – so paradox es auch erscheinen mag – der Gewinn, den jemand durch eine gestärkte Verbundenheit erfährt, größer als der erlittene Verlust.

Wir haben das Gefühl, das Elend auf der Welt ein klein wenig lindern zu können, wenn wir uns gemeinsam mit anderen für die Schwachen, für Gerechtigkeit oder andere Werte stark machen können. Das ist unsere Strategie, um mit der Tatsache klarzukommen, dass wir nicht in einer heilen Welt leben. Unsere eigene Bedürftigkeit tritt dann in den Hintergrund und wir fühlen uns nicht mehr so in unseren Möglichkeiten begrenzt. Denn die Liebe und Hingabe an andere helfen, unsere Begrenzungen zu überwinden.

## B. Die verändernde Kraft von Selbstannahme und Wertschätzung

Als Jesus einmal einen Blinden heilte, war der Erfolg noch nicht sofort zu erkennen. Der Blinde beschrieb sein bruchstückhaftes Sehvermögen so: „Ich sehe die Menschen, als sähe ich Bäume umhergehen“ (Markus 8,24).

Wenn Menschen wie Bäume erscheinen, kann man sich lediglich darauf konzentrieren, nicht mit ihnen zusammenzustoßen. Doch der tatsächliche Wert des Gegenübers bleibt im Dunkeln. Was uns selbst betrifft, ist auch unsere Wahrnehmung manchmal stark eingeschränkt:

Manchmal kommen wir uns wie ein Goldring vor, der in einem Schweinestall in den Mist gefallen ist. Unser „Sehvermögen“ ist stark reduziert – angesichts all des Drecks und Gestanks, die uns umgeben. Wir sind dann unfähig, unseren wahren Wert zu erkennen.

Aber Gott sieht den Ring – sieht uns –, hebt uns auf und reinigt uns. Ich stelle mir gern vor, wie Gott mich dann an einen seiner Finger steckt. Und ich darf dabei sein, wenn er durch seine mächtige Hand große Dinge bewegt. Wie kann nun die Tatsache, vor Gott unendlich wertvoll zu sein, vom Kopf ins Herz rutschen?

Wir Menschen wollen etwas Besonderes, Einzigartiges sein und nicht als austauschbar angesehen werden. Wir geben uns nicht damit zufrieden, wie in einem Schwarm Kaulquappen mit den anderen dahinzutreiben.

Aber sich durch Erfolge von der Masse abheben zu wollen, ist ein sehr unsicheres Unterfangen. Denn wir können uns nie sicher sein, genug erreicht zu haben. Selbst wenn unser „Trophäenregal" übervoll ist, würden wir uns trotzdem veranlasst sehen, einen zweiten Schrein mit unseren Verdiensten zu füllen. Aber wir müssen bedenken: Nicht, was wir geschafft haben, zählt, sondern das, was wir sind.

Neulich habe ich einmal während einer Predigt die Gemeinde dazu aufgefordert, sich dem Menschen neben sich zuzuwenden und ihm zu sagen: „Du bist etwas Besonderes." Und wenn es passt, die beiden beziehungsstiftenden Wörtchen „für mich" hinzuzufügen. *Aus welchem Grund soll ich eigentlich etwas Besonderes sein?*, fragen Sie sich jetzt vielleicht. Dabei ist die Antwort ganz einfach: weil Gott etwas ganz Besonderes im Sinne hatte, als er Ihnen das Leben schenkte.

Er hat Sie in einzigartiger Weise geschaffen. Als er Ihr Leben plante, hatte er nicht etwa im Sinn, das noch schnell am Freitagnachmittag zu erledigen, um es dann abhaken zu können. Er ist nicht der genervte, gestresste Chefdesigner, der die Woche über schon eine Menge Ärger mit seinen Mitarbeitern hatte und nicht weiß, wie er all seine Aufgaben auf die Reihe kriegen soll. Gott wusste, was er tat. Er war voll bei der Sache und legte seine ganze Liebe und Vollmacht hinein. Nur das Beste war ihm gut genug. Nachlässigkeit gibt es bei Gott nicht – schon gar nicht, wenn er gerade damit beschäftigt ist, einen Menschen ins Leben zu rufen (vgl. Psalm

139,13–16), denn jeder Mensch ist eines seiner geliebten Kinder, das seine Züge tragen soll.

Stellen Sie sich doch einmal vor, wie es gewesen sein muss, als Sie geboren wurden. Gott und seine Engel waren dabei und freuten sich. Haben Sie daran Zweifel? Die ganze himmlische Welt nahm wahr, was Gott sich da wieder mal hat einfallen lassen. Und zwar etwas, das mit keinem der anderen Milliarden von Menschen vergleichbar ist.

Gehen Sie einmal vor die Tür und tun Sie Folgendes: Schauen Sie sich die Menschen an und staunen Sie über die unglaubliche Kreativität Gottes. Und dann treten Sie vor einen Spiegel und lächeln sich freundlich zu. Baden Sie in den Gedanken an Ihre Einzigartigkeit!

Schauen Sie sich ins Gesicht und bitten Sie Gott: „Herr, öffne mir die Augen dafür, was für ein wertvoller Mensch ich bin.“ Denken Sie nicht, dass ein solches Gebet selbstsüchtig wäre. Selbstannahme ist ein Geschenk Gottes, nach dem wir unsere Hände ausstrecken sollten, denn wir werden uns nicht uneingeschränkt lieben lassen, wenn wir uns selbst als nicht würdig empfinden. Und wer sich nicht lieben lässt, kann auch andere nicht lieben.

### *Wenn ich anderen Wertschätzung entgegenbringe, ist auch mir geholfen*

Wenn wir zu „groß“ von unseren Mitmenschen denken, wächst mitunter in uns die Sorge, mit den anderen nicht mithalten zu können. Aber die Bibel möchte uns daran erinnern, dass wir in unserem Nächsten immer auch Gott begegnen können:

- Wir sollen gastfreundlich sein, denn hinter der Gestalt eines Bedürftigen könnte sich ein Engel verbergen (vgl. Hebräer 13,2). Eine solche Vorstellung erscheint uns vielleicht unheimlich und merkwürdig. Aber wir können nie sicher sein, wer vor uns steht. Oder haben Sie sich jedes Mal, wenn Sie jemandem einen Dienst erwiesen haben, vorher erst seine Geburtsurkunde zeigen lassen?

- Jesus beschreibt die Menschen, die zu ihm gehören (vgl. Matthäus 25,34–40) so: Sie tun einfach, was ihnen vor die Füße gelegt wird. Wenn jemand auf sie zukommt, der Durst hat, schenken sie ihm voll ein. Jesus sagte seinen Zuhörern deutlich: „Was ihr diesen bedürftigen Menschen getan habt, habt ihr mir persönlich getan" (vgl. Matthäus 25,40). Da reichen wir einem Freund, einem Nachbarn, einem Verwandten oder jemand anderem, der gerade unseren Weg kreuzt, ein Glas Wasser. Wir denken uns nichts dabei. Doch gerade in diesem so scheinbar banalen Geschehen begegnet uns Jesus.

Warum tun wir uns so schwer mit dem Gedanken, hinter unserem Nächsten könnte ein Engel oder gar Jesus selbst stehen? Schauen wir uns an, was die Jünger Jesu auf dem See Genezareth erlebten: Sie hatten Jesus aus den Augen verloren. Ihr Meister hatte sie über den See vorausgeschickt. Nun kämpften sie gegen hohe Wellen und mit Fragen wie: „Was haben wir hier bloß verloren und wo um alles in der Welt ist Jesus?" Dann kam ihnen Jesus auf dem Wasser entgegen. Und wie reagierten diese gestandenen Männer? Sie schrien, weil sie Jesus für ein Gespenst hielten.

Auch uns begegnet Jesus mitten im Sturm: Ein vertrauter Mensch hat uns eine nahezu schlaflose Nacht bereitet. Nun ist ein kräftezehrendes „Rudern" angesagt, beispielsweise gegen eine Krankheit. Dann, im Morgengrauen – als die Erschöpfung und der Frust am größten sind –, erscheint uns Jesus in dem anderen. Eine unheimliche Vorstellung?

Als die Jünger nur noch aus Angst bestanden, rief Jesus ihnen zu: „Seid getrost! Ich bin's, fürchtet euch nicht!“ (Matthäus 14,27). Wenn wir doch nur erkennen könnten, wer uns gerade in unseren schwierigsten Augenblicken im anderen entgegentritt!

Aber unsere Mitmenschen möchten oft viel mehr, als dass wir ihnen das „Wasserglas“ reichen. Sie möchten nicht nur wertgeschätzt werden, sondern auch daran erinnert werden, welche Fähigkeiten in ihnen stecken.

In dem Film „Mr. Hollands Opus“ versucht ein Musiklehrer, einer etwa 15-Jährigen das Klarinettespielen beizubringen. Doch das Mädchen verkrampft immer mehr, weil es sich und seiner Familie unbedingt beweisen will, dass es etwas wirklich gut kann. Als die 15-Jährige schon aufgeben will, fragt der Musiklehrer sie: „Was gefällt dir, wenn du vor dem Spiegel stehst?“ – „Mein langes, rotes Haar“, antwortet sie. Ihr Vater habe gesagt, es erinnere ihn an einen Sonnenuntergang. Daraufhin fordert der Lehrer sie auf, jetzt die Augen zu schließen und „Sonnenuntergang“ zu spielen. Zu ihrem eigenen Erstaunen spielt sich das Musikstück wie von selbst: Ihr gelingt es, der Klarinette zum ersten Mal die ersehnten Klänge zu entlocken.

Es ist etwas Großartiges, wenn wir einem Menschen klarmachen können: „Ich lege keinen Wert darauf, dass du etwas Bestimmtes erreichst. Sei einfach nur du selbst.“ Und ganz nebenbei: Wo immer wir einem anderen Menschen auf diese Weise Wertschätzung entgegenbringen, wird dies unweigerlich auf uns selbst zurückfallen.

## C. Den Wert der Sexualität entdecken

### *Bessersein bringt nichts ein*

Oft versuchen wir, unsere Minderwertigkeitsgefühle dadurch zu bekämpfen, dass wir ein Gefühl der Überlegenheit entwickeln. Aber der Gedanke „Ich bin besser als du“ erzeugt einen enormen Druck: Ich bin nicht im Stande, das zu beweisen, weil kein Mensch besser als der andere ist.

Sie protestieren? Vielleicht müssen Sie gerade an Menschen denken, die sich sexuell vergangen haben. Ist es nicht so, dass Sie sich ihnen deutlich überlegen fühlen?

Begleiten Sie mich einmal bei folgender Spekulation: Vielleicht gab es unter denen, die in den ersten Jahrhunderten Abschriften von den Evangelien angefertigt haben, Menschen, die bestimmte Textabschnitte als Zumutung empfunden und deshalb einfach nicht mit abgeschrieben haben – zum Beispiel die Passage, in der betont wird, dass wir auch dann, wenn jemand im sexuellen Bereich gesündigt hat, auf moralische Überlegenheit verzichten sollen. Doch glücklicherweise sind uns diese Texte wie die Geschichte von der Ehebrecherin überliefert worden: Ein paar Pharisäer brachten eine Frau zu Jesus, die beim Ehebruch ertappt worden war, um sie zu steinigen. Jesus bezog daraufhin Position und sagte zu ihnen: „Wer unter euch ohne Sünde ist, der werfe den ersten Stein“ (Johannes 8,7). Jesus wusste: Diese Männer hatten einiges auf dem Kerbholz, was die Beziehung zu ihren Frauen betraf. Allerdings – und das muss man ihnen zugute halten – war selbst diesen Pharisäern ihre Schuld bewusst. Und auch wir sollten wissen, dass wir dem anderen häufiger etwas schuldig bleiben.

Um Missverständnissen vorzubeugen: Jesus beschönigte nichts und rief die Menschen zur Umkehr auf (vgl. Vers 11). Aber er tat es mit einem liebenden Herzen, das um die Schwachheit der Menschen wusste.

### *Wie Sie einen Menschen auch ohne den „sexualisierten Blick" anziehend finden können*

Mit Bildern, die unsere Aufmerksamkeit auf Sex lenken sollen, werden wir ungefragt und ständig konfrontiert. Tendenz steigend. In Filmen ist Sexualität fast immer ein Thema, sobald die Rollen mit Menschen besetzt sind. Vor einiger Zeit lief mal einer, in dem nur Pinguine zu sehen waren – deren Paarungsverhalten wiederum ausführlich behandelt wurde ... Bei all den mit dem „Thema Nr. 1" aufgeladenen Impulsen, die tagtäglich auf uns einströmen, käme es wohl einer gewissen Gehirnakrobatik gleich, wenn wir bei einem solchen Film den Gedanken daran ausschalten müssten, wie sich Menschen sexuell begegnen.

In der Konfektionswerbung posieren Frauen mitunter so, als sei genau das, was sie anhaben, völlig überflüssig. Die Frau, die die Aufschrift „No Silicon" auf ihrem T-Shirt trägt, wird sich nicht wundern, wenn man ihre Brüste fixiert. Doch eine solche Reduzierung auf die äußeren Geschlechtsteile tut weder der Frau noch den männlichen Betrachtern gut.

Werbung und Medien haben es zweifellos darauf angelegt, unsere sexuellen Gefühle anzuregen. Wie können wir auf solche Bilder reagieren? Ohne Frage ist hier eine Kontrolle unserer Gedanken und Fantasien notwendig. Doch das gelingt nicht immer. Der Mann, der jedem Anblick einer Frau ausweichen will, die möglicherweise einen zu tiefen Ausschnitt hat, müsste schon fast mit Scheuklappen durch den Alltag gehen. Auch der Versuch, auf gar keinen Fall an Sex zu denken, wird vermutlich scheitern. Sie wissen doch, was passiert, wenn wir uns vornehmen, *nicht* an rosarote Elefanten zu denken?

Welche Alternative gibt es nun? Für einen Moment bin ich versucht zu denken, dass Gott bei einem sehr anziehend wirkenden Menschen seine Schöpferkraft vielleicht besonders unter Beweis stellen wollte. Doch das Gute daran ist: Sobald ich in meinen Gedanken nach den Absichten Gottes frage, weitet sich mein Blick: Zweifellos hat er mehr beabsichtigt, als Geschlechtsteile mit Armen und Beinen in die Welt zu setzen. Da ist ein Wesen, das so ganz anders ist als ich, und deswegen mein Interesse weckt. Die körperlichen Unterschiede sind zwar die auffälligsten, aber bei weitem nicht die entscheidendsten. Viel spannender als alle körperlichen Merkmale finde ich die Persönlichkeit, die ein Mensch hat, und die ganz individuellen Sehnsüchte, die er ausstrahlt.

Auf der Suche nach den körperlichen Besonderheiten macht es mir ausgesprochen viel Spaß, mein Interesse auf ein Körperteil zu lenken, das nicht so ohne weiteres dem Joch der Schönheitsideale unterworfen werden kann. Ich sprechen von den Augen, von denen gesagt wird, dass sie das Fenster der Seele seien. In ihnen – sogar in denen der Models – kann ich manchmal erkennen, wie sich etwas von ihrer Sehnsucht nach Würdigung und Wertschätzung spiegelt. Wenn ich mir die Augen eines Menschen anschaue und dadurch einen Draht zur Seele meines Gegenübers gefunden habe, habe ich eine Ahnung von dem tatsächlichen Wert dieses Menschen bekommen.

Es ist also unheimlich bereichernd, seine Aufmerksamkeit auf die Stellen eines Menschen zu lenken, die noch nicht durch „sexualisierte Blicke“ abgenutzt sind.

Natürlich ist es für viele keine leichte Sache, sich von

der Fixierung auf das Sexuelle zu lösen. Wir brauchen dafür viel Geduld mit uns und die Unterstützung von Gott. Mit Selbstvorwürfen ist uns nicht geholfen. Ich überlege mir gelegentlich, wie Jesus die Menschen angeschaut hat. Wenn er sich in die Nähe von Prostituierten begab, sah er den Frauen tief in die Augen – was sicherlich viele als anstößig betrachteten. Aber Jesus sah sie als seine Schwestern, die wie er demselben himmlischen Vater gehörten. Jesus war gewiss der Letzte, der sich von pubertären Eroberungsfantasien gefangen nehmen ließ. Wahrscheinlich muss ich von Jesus noch viel lernen, damit ich die Würde hinter der beschädigten Fassade eines Menschen sehen kann. Aber: „Wer sucht, der findet" (Matthäus 7,8). Auch der Wert eines Menschen lässt sich entdecken; man muss sich nur auf die Suche machen.

Allerdings greifen all diese Strategien nicht, wenn es in irgendeiner Form zu einer Sexsucht gekommen ist. Dann bedarf es einer konkreten seelsorgerlich-therapeutischen Unterstützung (vgl. „Tipps und Adressen, die weiterhelfen", S. 151–153). An dieser Stelle möchte ich nur so viel sagen: Wenn jemand genug Entschlossenheit dafür besitzt, so rate ich ihm, in Ruhe darüber nachzudenken, wie er der Fülle von visuellen Reizen aus dem Weg gehen kann. Das lässt sich durchaus trainieren.

Wenn Sie das Thema „Sexualität" besser in den Griff bekommen wollen, müssen Sie auch beachten, dass Sie nur dann bereit sein werden, bestimmte Einstellungen und Verhaltensweisen loszulassen, wenn Sie etwas anderes dafür bekommen. Während Sie dieses Buch lesen, sind Sie schon auf dem besten Weg, Ihre wahren Bedürfnisse zu verstehen und Möglichkeiten zu entdecken, wie Sie diese Bedürfnisse stillen können. Dann werden Sie merken, dass Ihnen die Sehnsucht nach unrealistischen sexuellen Erfahrungen allmählich immer weniger zu schaffen macht.

Zum Schluss dieses Kapitels möchte ich den Frauen, die darüber irritiert sind, dass sich Männer durch aufreizende Darstellungen so schnell antörnen lassen, noch etwas Entlastendes sagen.

Jemand erzählte mir, dass ihm seine Frau zum Thema „Sex" einmal gesagt habe: „Appetit kannst du dir auch woanders holen. Aber gegessen wird bei mir zu Hause!" Das hört sich irgendwie gewagt an, nicht wahr? Und natürlich ist Toleranz fehl am Platze, wenn ein Mann darauf aus ist, sexuell animierende Ausblicke (auf-)zusuchen. Es ist aus meiner Sicht natürlich verständlich, wenn sich manche Ehepartnerin daran stört, dass ihr Partner auf der Straße attraktiven Frauen hinterherschaut. Ich möchte niemandem etwas vorschreiben, aber ich denke, dass es für eine Ehefrau nur von Vorteil sein kann, wenn sie ihrem Mann gegenüber selbstbewusst auftritt. Dann kann sie auf Eifersüchteleien verzichten, die sie – nebenbei bemerkt – nicht gerade attraktiver machen.

Männer sehen es oft gar nicht so, dass sie ihrer Frau untreu sind, wenn sie einer anderen hinterherschauen. Denn sie wollen natürlich nicht mit ihr schlafen, weil Sie wissen, wie viel an Geborgenheit sie verlieren würden. Durch nichts sollten die Männer sich davon abhalten lassen, sich immer wieder bewusst zu machen, was sie an der Frau an ihrer Seite eigentlich haben.

## Fazit

- Kein Vorgang, der sich zwischen zwei Menschen ereignet, bekommt seinen wahren Wert dadurch, dass er lediglich *durchgeführt* wird. Auch nicht die Sexualität. All unser Tun erhält erst dann eine Würde, wenn wir einen Wert hineinlegen.

- Für das Miteinander kann folgender Satz eine hilfreiche Orientierung sein: „Achte auf die Würde und den Wert deines Mitmenschen. Dann kannst du mit ihm tun, was immer du willst.“*
- Sünde ist im Grunde nichts anderes, als etwas gering zu schätzen, was unendlich wertvoll ist. Jeder Mensch braucht deshalb Vergebung und innere Heilung.
- Schon allein der Versuch, dem anderen mit immer größerer Wertschätzung zu begegnen, bringt eine so große Erfüllung, dass es gar nicht mehr so wichtig ist, wie nahe wir uns körperlich kommen können.

## Impulse zum Nachdenken

- „Früher dachte ich, dass ich durch einen Partner an meiner Seite ein selbstbewussterer Mensch werde, und träumte davon, auf diese Weise all meine Selbstzweifel loszuwerden. Dass mir das nicht gelungen ist, ist aus jetziger Sicht keine Katastrophe."
- „Natürlich werde ich mich weiterhin darüber freuen, wenn mir andere Menschen Bestätigung geben. Aber ich will Wertschätzung niemals einfordern oder süchtig danach werden."
- „Wie wertvoll ich bin, werde ich erst dann in seiner ganzen Tiefe begreifen, wenn ich Gott einmal von Angesicht zu Angesicht sehe. Bis dahin will ich mich immer wieder von ihm herausfordern lassen, einfach zu glauben, dass ich für ihn unersetzlich wertvoll bin."

---

* In Anlehnung an einen Ausspruch von Augustinus: „Liebe und tue, was du willst.“

# 3. Die Sehnsucht nach einem uneingeschränkten Ja zum eigenen Geschlecht

Niemand hat Sie je gefragt, ob Sie als Junge oder Mädchen auf die Welt kommen wollen. Glücklich können Sie aber nur dann sein, wenn Sie Ihr Geschlecht von ganzem Herzen bejahen.

Das Bedürfnis, mit seiner Geschlechterrolle im Einklang zu leben, tritt im Alltag nicht immer so offensichtlich zutage. Doch zu jedem Zeitpunkt in unserem Leben hatte die Frage nach dem eigenen Geschlecht eine große Bedeutung.

## A. Unsere Suche nach der eigenen Geschlechtsidentität

Die erste Aussage, die über uns gemacht wurde, bestand aus der Information, ob wir ein Junge oder ein Mädchen sind. Und diese Zuordnung hat nie seine Bedeutung verloren. In den ersten Lebensjahren haben wir uns mit unserer Geschlechtsidentität größtenteils spielerisch auseinander gesetzt: Es ging um Kleidung, um Spielsachen und die Art des Zeitvertreibs, die entweder als typisch mädchen- oder jungenhaft galten. Über die Auseinandersetzung mit der eigenen geschlechterspezifischen Rolle lernten wir uns selbst verstehen.

Irgendwann zwischen dem 11. und dem 14. Geburtstag begann alles plötzlich komplizierter zu werden. Auf einmal waren wir uns unserer Identität gar nicht mehr so sicher: Wir ahnten, dass wir nicht mehr ganz Kind, aber auch noch lange nicht erwachsen waren. Die Aufgabe, unabhängig zu werden und uns vom elterlichen Nest zu lösen, türmte sich bisweilen wie ein bedrohlich wirkender Berg vor uns auf. Abenteuerlust vermischte sich mit einem Gefühl der Unsicherheit, ob wir die „Gipfelbesteigung" wohl schaffen würden. Vor allem aber fürchteten wir uns vor dem Verlust der Geborgenheit.

Und als wäre der Gefühlssalat nicht schon chaotisch genug, stellten sich nun auch verwirrende Gefühle ein, die das andere Geschlecht betrafen. Wo wir uns bislang abgegrenzt hatten, erlebten wir nun eine starke Anziehungskraft. In unsere Träume drang auch bald die Vorstellung, mit einem Mädchen beziehungsweise einem Jungen auszugehen. Unsere Fantasie gipfelte schließlich darin, sich in der sexuellen Vereinigung ganz hinzugeben.

Die Vorstellung, mit einem Menschen Sex zu haben, kam uns als Kind ziemlich abwegig vor. Laura und Julia (beide 8 Jahre alt) unterhielten sich darüber, ob ihre Eltern eigentlich Sex miteinander hätten. Julia konnte oder wollte sich auf keinen Fall vorstellen, dass ihre so ordentlichen (und mitunter „uncoolen") Eltern so etwas tun sollten. Laura erklärte ihrer Freundin daraufhin, dass sie es schon mehr als einmal getan hätten – schon alleine deswegen, weil sie kein Einzelkind war.

Womit ist es nun eigentlich zu begründen, dass in der Pubertät der Sex plötzlich zu etwas so Verlockendem wurde? Vielleicht dachten wir, Jungen müssten ihre Männlichkeit (und Ritterlichkeit) durch die Fähigkeit beweisen, eine Partnerin erobern zu können. Und wir glaubten möglicherweise, dass sich weibliche Identität beziehungsweise femininer Einfluss in der Kunst zeigen würde, auf die Männerwelt eine gewisse Anziehungskraft oder zumindest wohlwollende Aufmerksamkeit auszuüben.

Als Teenager waren wir felsenfest davon überzeugt, dass die sexuelle Begegnung uns darin bestätigen würde, eine Frau beziehungsweise ein Mann zu sein. Durch Sex, so glaubten wir wahrscheinlich, würden wir uns eher als vollständiger Mensch begreifen und – mehr noch – auch von anderen als „vollwertig" betrachtet werden. In unserer Vorstellung war der Geschlechtsakt etwas, das alle Unklarheiten beseitigen könnte. Zu dieser Überzeugung gelangten wir nicht zuletzt dadurch, dass die Vertreter des anderen Geschlechts unserer Einschätzung nach recht selbstsicher auftraten. Als Junge dachten wir: *So wie die Mädchen ihre Weiblichkeit vor sich hertragen und herauskehren, werden sie bestimmt keinen Zweifel an dem Wert ihres eigenen Geschlechts haben.* Und als Mädchen kamen wir zu dem Schluss: *Dass die Jungen so selbstbewusst daherkommen, zeigt, dass sie stark genug sind, dass wir uns bei ihnen anlehnen können.* Aber wir durchschauten nicht, dass das so genannte selbstsichere Verhalten größtenteils nur eine Fassade war.

Die verzerrten Vorstellungen über die Geschlechter wurden durch die Medien noch verstärkt. In vielen Filmen, in denen anfangs die Schwierigkeiten der Partnersuche inszeniert werden, lösen sich dann scheinbar alle Probleme genau in dem Moment, als das Paar miteinander ins Bett steigt. In der Realität erzeugt Sex jedoch nicht selten neuen Klärungsbedarf. Wollen wir mit Sexualität unsere Unsicherheit bekämpfen, dann gießen wir damit sprichwörtlich Öl ins Feuer.

Doch der gesellschaftliche Druck auf die Pubertierenden scheint nach wie vor groß zu sein. Nur so lässt sich erklären, dass bei repräsentativen Befragungen das durchschnittliche Alter beim ersten Geschlechtsverkehr mit 15,9 Jahren angegeben wird.

Glücklicherweise gibt es aber auch Stimmen, die deutlich die negativen Folgen von unbekümmertem Sex zur Sprache bringen. Dies könnte in puncto sexuelle Abenteuer vielleicht zu mehr Zurückhaltung führen. Eine junge, unverheiratete Frau, die zum ersten Mal einem Mann uneingeschränkte Berührung erlaubt, ahnt, dass ihr durch die Nähe möglicherweise wehgetan werden könnte. So wenig Lebenserfahrung sie auch haben mag, weiß sie doch, dass der seelische Schmerz größer und nachhaltiger werden könnte als der körperliche. Intuitiv spürt sie, dass wir dort, wo wir die stärksten Gefühle verspüren, auch am verletzbarsten sind. Es ist kein Zufall, dass Adam und Eva unmittelbar nach dem Sündenfall als Allererstes ihren Schambereich schützten. Wenn unsere Würde als Mann oder Frau verletzt wird, ist das wesentlich gravierender, als wenn ein anderer Bereich unserer Identität in Mitleidenschaft gezogen wird.

Trotz aller Schwierigkeiten finden die meisten Menschen im Hinblick auf ihr Geschlecht irgendwann zu Selbstsicherheit. Ich habe mich umgehört: Den meisten Frauen würde etwas fehlen, wenn sie ein Mann sein müssten. Und die Männer haben in der Regel auch nichts an ihrem Geschlecht auszusetzen. Wir haben uns in unsere Geschlechterrolle „hineingearbeitet".

Frauen schätzen beispielsweise an sich ihre hervorragenden Fähigkeiten im Bereich des Denkens und Fühlens. Das Gehirn einer Frau ist – wie die Hirnforschung zur Entlastung der Männerwelt mitteilt – umfangreicher „verdrahtet" als das der Männer. Frauen können „um die Ecke" denken, in zehn Sekunden drei Themen behandeln und erstaunlich viele Dinge gleichzeitig tun. Ebenso können sie viel mutiger als Männer ihrer Intuition folgen. Auch wenn ich all diese Vorzüge an meiner Frau sehr bewundere – ich gehe doch lieber in meiner männlichen Manier an die Dinge heran und lasse mir für gründliche Analysen Zeit, um dann zu einer Entscheidung zu kommen (meist zu der gleichen, aber nun zumindest gut begründet).

Auch Krisen, die das eigene Geschlecht betreffen, führen nur selten dazu, dass sich jemand in seiner Identität als Mann oder Frau nicht mehr annehmen kann. Viele Frauen bewältigen mit Bravour die körperlichen Belastungen, die ihnen als Frau auferlegt sind. Sie trotzen mancher Benachteiligung im gesellschaftlichen Leben und üben auch dann ihren Einfluss aus, wenn sie sich lediglich in der zweiten Reihe wiederfinden. Ebenso stellen sich viele Männer mutig dem Erfolgsdruck, der durch das (nicht ganz selbst erfundene) Bild von Männlichkeit geschürt wird.

Wenn wir die Sache mit dem Geschlecht einmal realistisch betrachten, müssen wir doch (ohne vor den Schwierigkeiten auch nur ein Auge zu verschließen) erkennen, dass wir eigentlich alle Fähigkeiten mitbekommen haben, die wir brauchen, um in unserer Rolle als Mann oder Frau leben zu können.

## B. Schritte auf dem Weg zur Versöhnung mit dem eigenen und dem anderen Geschlecht

Es gibt Situationen, in denen wir uns in unserer Geschlechterrolle nicht gerade pudelwohl fühlen. Deshalb brauchen wir in unserem Mann- oder Frausein immer wieder Bestätigung.

Ich halte es für eine völlig verrückte Idee, dass ein Mensch von einer Minute auf die andere durch den Geschlechtspartner zu einer „richtigen“ Frau beziehungsweise einem „richtigen“ Mann wird. Ob wir unser Geschlecht bejahen können, hängt nicht etwa davon ab, ob wir einen Partner haben oder nicht, sondern welche Erfahrungen wir in der Vergangenheit gemacht haben. Eine Schlüsselrolle kommt hierbei unserer Herkunftsfamilie zu, insbesondere den Eltern. Wenn unsere Eltern unserem Geschlecht nicht zustimmen können, dann wird sich diese Einstellung unbewusst auf uns übertragen.

Adrian Plass erzählte in einem Vortrag, dass er und seine Frau – als sie das vierte Mal schwanger war – sich unbedingt ein Mädchen wünschten, da sie bereits drei Söhne hatten. Aber sie hatten sich auch immer wieder gesagt, dass sie sich ebenfalls über einen vierten Jungen freuen würden. Diese Selbstsuggestion funktionierte so perfekt, dass seine Frau nach der Entbindung ihr Kind anschaute und meinte: „Es ist ein Junge.“ Die Hebamme war ziemlich verdattert, denn es war zweifellos ein Mädchen. Vermutlich fragte sie sich, wie bei so wenig Unterscheidungsvermögen überhaupt eine Zeugung möglich gewesen war.

Ein anderes Beispiel: Jana hat drei ältere Schwestern, aber keinen Bruder. Ihre Eltern bewirtschaften einen Hof, der schon seit drei Generationen von Sohn zu Sohn vererbt wurde. Vor allem ihr Vater kann seine Enttäuschung darüber, dass er nur Töchter hat, nur schwer verbergen.

Als ich Jana begegnete, fiel mir gleich auf, dass sie eine tiefere Stimme hatte als die meisten Frauen. Auch bestimmte Gesichtszüge, ihre Frisur und ihr Kleidungsstil kehrten ihr Frausein nicht gerade heraus. Schon dreimal hatte sie die Beziehungen zu ihren jeweiligen Verlobten gelöst, als sie kurz vor der Hochzeit standen. Nun fragte sie sich, was eigentlich mit ihr los war.

Ich habe Jana bei wichtigen Entdeckungen begleiten dürfen: Sie erkannte, wie sehr ihr Vater in den Mustern gefangen war, die ihm von außen aufgedrückt wurden, obwohl es ihm auf der anderen Seite ein Herzensanliegen war, dass sie glücklich war. Janas Vater, so zeigte sich, war seine Tochter sogar wichtiger als die Zukunft seines Hofes. Aber das konnte er nie zum Ausdruck bringen. Ich ermutigte sie, ihren Vater einmal darauf anzusprechen. Schließlich war Jana bereit, ihm in einem kurzen Gespräch offen und ohne weitere Vorwürfe zu begegnen. Danach war sie davon überzeugt, dass ihr Vater auf keinen Fall wollte, dass sie mit ihrem Geschlecht unzufrieden war. Nun konnte sich Jana sicher sein, dass ihr Vater sie als Tochter und Frau annahm. Außerdem wurde ihr bewusst, wie viele Menschen sie gerade als Frau schätzten.

Nicht selten haben Eltern also erhebliche Schwierigkeiten, das Geschlecht ihres Kindes uneingeschränkt zu akzeptieren. Könnten Eltern das Geschlecht frei wählen, käme es vermutlich zu einem solchen Überschuss an Jungen, dass die Menschheit sehr bald vom Aussterben bedroht wäre.

### *Das Geschlecht bejahen, mit dem Gott uns geschaffen hat*

Wenn Sie das eigene Geschlecht oder das Ihres Kindes nicht von Herzen bejahen können, sollten Sie sich vertrauensvoll an den wenden, der dafür zuständig ist: Gott. Er versteht alle unsere Enttäuschungen und hat immer ein offenes Ohr für uns. Denn er liebt uns und weiß, wie schlecht es uns bekommt, wenn wir allen Kummer in uns hineinfressen.

Vielleicht fragen Sie sich ja auch manchmal, warum die zwei scheinbar so gegensätzlichen Ausführungen der Spezies „Mensch“ zur selben Gattung gehören. Der US-amerikanische Schriftsteller Scott F. Fitzgerald hat einmal gesagt, dass der eigentliche Intelligenztest aus der Frage bestehe, ob man fähig sei, zwei vollkommen widersprüchliche Gedanken in seinem Kopf auszuhalten. Diese Herausforderung müssen wir annehmen, wenn wir über das Miteinander der Geschlechter nachdenken. Lassen Sie sich doch an dieser Stelle einmal auf folgenden paradoxen Satz ein: „Der Mann ist größer als die Frau, und ebenso ist die Frau größer als der Mann.“

Trotz aller (scheinbaren) Widersprüche und Diskussionen um vermeintliche Vor- und Nachteile des Mann- beziehungsweise Frauseins lohnt es, sich daran zu erfreuen, dass Gott sich mit unserem Geschlecht etwas sehr Kreatives ausgedacht hat. Haben Sie ihm schon dafür gedankt, dass Sie ein Mann beziehungsweise eine Frau sind? Dafür ist es nie zu spät. Aber schieben Sie es bitte nicht so lange vor sich her, bis Sie einmal im Himmel sind!

### *Dem anderen Geschlecht mit Respekt begegnen*

Es gibt einen einfachen und notwendigen Weg, sich selbst anzunehmen: Nehmen Sie den anderen an, so wie er ist! Das ist besonders wichtig, wenn es um die Geschlechterfrage geht. Denn keine Frau kann Ja zu ihrer Weiblichkeit sagen, ohne der Männerwelt mit Achtung zu begegnen. Und ebenso kann sich kein Mann seines Mannseins sicher sein, wenn er dabei nicht respektvoll über Frauen denkt.

Wir wollen manchmal überhaupt nicht einsehen, wie

sehr wir das andere Geschlecht brauchen. Wenn Männer oder Frauen unter sich sind, können sie nur schwer wichtige Entscheidungen treffen, die in sich ausgewogen sind und niemanden ausgrenzen.

Jedes Geschlecht hat seine Stärken und Vorzüge und besitzt etwas, das das andere (in diesem Maße) nicht vorzuweisen hat. Dafür zwei simple Beispiele: Der Sieger bei dem Triathlonwettbewerb „Iron Man" wird niemals von einer Frau überrundet werden, und wenn sie auch noch so sehr dafür kämpfen würde. Ebenso wenig kann ein Vater die bessere Mutter werden.

Ich weiß, wie schwer es manchmal ist, dem anderen Geschlecht mit Respekt zu begegnen – bei allen Konflikten und Vorurteilen, die immer noch in unseren Köpfen hängen.

Ich habe einmal ein Team von Frauen beraten, die zusammen in einem Frauenhaus arbeiteten. Dass der Umgang miteinander so schwierig war, hat vermutlich daran gelegen, dass sie den vielen scheußlichen Erfahrungen mit Männern zu wenig Positives entgegensetzen konnten, was ihnen half, dem männlichen Geschlecht respektvoll zu begegnen.

Man mag über „Protestmärsche", die sich gegen das andere Geschlecht richten, denken, was man will. Man sollte aber wissen, dass sie das Problem nicht lösen. Als ich vor etwa 15 Jahren (unter anderem) Soziologie studierte, lernte ich junge Frauen kennen, die mit einer solchen Verachtung von der Männerwelt sprachen, dass ich mich fragte, was in ihrem Leben wohl alles schief gelaufen sein musste. Ich hatte Mitleid mit ihnen, weil ich mir nicht vorstellen konnte, dass man mit einem solchen Groll im Herzen zu einem Frieden über das eigene Geschlecht finden kann.

Gerade weil ich die Anliegen der Frauenbewegung in vielen Punkten sehr berechtigt finde, bedauere ich es, wenn Frauen zuweilen zu aggressiv aufgetreten, um ihre Ziele zu erreichen. Menschen, die mit allen Mitteln versuchen, das andere Geschlecht zu beherrschen, merken oft gar nicht, dass sie in einen sinnlosen Machtkampf geraten. Im Grunde unseres Herzens wissen wir ganz genau, dass wir um die Wertschätzung des anderen Geschlechts nicht herumkommen. Deshalb sollten wir gering schätzendes Verhalten zwischen den Geschlechtern als das betrachten, was es ist: als Entwürdigung. Wenn wir um unsere eigene Position kämpfen, geraten wir leicht in Versuchung, jede harmlose Gedankenlosigkeit überzubewerten. Aber wenn wir offen den Blick auf das andere Geschlecht richten, schärfen sich unsere Sinne.

Um dem anderen Geschlecht respektvoll begegnen zu können, tut es manchmal gut, sich von der Begegnung der Geschlechter eine kleine Auszeit zu nehmen. Veranstaltungen, in denen Frauen oder (seltener) Männer unter sich sind, üben auf die Interessenten oft eine starke Anziehungskraft aus. Die Anwesenden fühlen sich irgendwie sicherer, verstehen sich schneller und manchmal auch besser, als wenn beide Geschlechter vertreten sind.

## C. Wie die Begegnung mit dem anderen Geschlecht Ihre eigene Persönlichkeit stärkt

Wenn wir dem anderen Geschlecht Respekt und Zuneigung entgegenbringen, erwächst daraus eine größere Freiheit und Sicherheit im Umgang miteinander.

### *Auch die Wertschätzung des anderen Geschlechts will gelernt sein*

Ich sah meine Lektorin nach einem Jahr auf der Buchmesse wieder. In den vergangenen Monaten hatten wir häufig über Telefon und E-Mail kommuniziert und ich hatte während der Arbeit an meinem Buch viel von ihrer Sichtweise als Frau profitiert. Als wir uns dann begegneten, war ich überrascht über ihre angenehme Ausstrahlung. Ich habe mich nicht getraut, ihr etwas Nettes zu sagen. In meinen jungen Jahren hatte ich gelernt, dass sich so etwas nicht gehört. Ja, ich habe da noch einiges zu (ver-)lernen. Meine Frau hätte sicher nichts dagegen, wenn ich auch bei anderen Frauen „trainieren" würde, einmal mehr ein Kompliment auszusprechen.

Allerdings hat die Sache mit den Komplimenten oft auch so ihren Haken. Von Mark Twain wird erzählt, dass er einmal die Frau des Gouverneurs mit den folgenden Worten zu ihrem Platz geleitete: „Wie schön Sie sind!" Die Frau antwortete: „Wie schade, dass ich nicht das Gleiche zu Ihnen sagen kann." Mark Twain war um eine Antwort nicht verlegen: „Machen Sie es wie ich, lügen Sie!"

Aber ganz im Ernst, eigentlich gibt es eine einfache Faustregel: Jede aufrichtige Wertschätzung, die den anderen nicht vereinnahmt, ist auf keinen Fall deplatziert. Wenn wir den Mut entwickeln, in Bezug auf das andere Geschlecht eine Wertschätzung zu kommunizieren, die nicht vorrangig auf die sexuelle Fitness bezogen ist, leben wir auch im Hinblick auf die eigene Sexualität entspannter.

Wie selbstzersetzend es ist, die Würde eines anderen Menschen nicht zu achten, schildert die Bibel an vielen Stellen. Schauen wir uns ein besonders eindrückliches Beispiel an:

Um jemanden erobern zu wollen, muss man nicht König sein. Es reicht oft schon, „nur" ein Mann zu sein. David war beides. Doch das entschuldigt natürlich nicht all das Unglück, das er verursachte, als er eines Abends Langeweile hatte. Er stand auf der Terrasse seines Palastes, um sich das „Abendprogramm" anzusehen. Vor seinen Augen flimmerte gerade ein romantischer Naturfilm: Am Horizont gab es einen farbenprächtigen Sonnenuntergang. Er „zappte" weiter. Die Nachrichten. Doch heute war auf dem Marktplatz auch nichts Besonderes los. Als er die einzelnen Fenster mit seinen Blicken absuchte, entdeckte David, dass auch auf dem Erotikkanal etwas Interessantes lief: Da war Bathseba zu sehen, die gerade ein Bad nahm. Nichts blieb ihm dabei verborgen. Hätte er ein Opernglas gehabt, dann hätte David die Szene gewiss noch dichter herangeholt. Doch er hatte genug gesehen. Und nun setzte eine unheilvolle Kettenreaktion ein ... (Diese Geschichte können Sie in 2. Samuel 11 nachlesen).

Wir besitzen nicht die Macht, die ein König damals hatte. David missbrauchte seine Stellung, um den Mann von Bathseba möglichst unauffällig aus der Welt zu schaffen. Bei uns bahnt sich die Begierde nur scheinbar einen „harmloseren" Weg. Weil die Lust nach dem anderen Geschlecht oft so stark ist, sollten sich die Männer unter uns stets bewusst machen: Der Reiz einer Eroberung besteht darin, *nicht* ans Ziel zu kommen. Darin liegt die wahre Wertschätzung. Wir müssen niemandem etwas beweisen. Männlichkeit schon gar nicht.

### *Die Unterschiedlichkeit der Geschlechter als Herausforderung begreifen*

Wir wären nie im Leben darauf gekommen, dass ein Mensch so seltsam denken und handeln kann, wenn wir es nicht immer wieder beim anderen Geschlecht erleben würden. Manchmal finde ich es ziemlich erstaunlich, dass zwei so unterschiedliche Wesen wie Mann und Frau sich doch noch irgendwie verstehen können.

In einer Umfrage wurden 1.091 Frauen zwischen 20 und 45 Jahren nach ihren Bedürfnissen befragt. Nur sechs Prozent hielten es für problematisch, wenn sie einen Monat lang auf Sex verzichten müssten. Auf die Frage, auf welchen Genuss sie einen Monat lang am wenigsten verzichten könnten, ergab sich als häufigste Antwort: Fernseh-Romanzen. Auf Männer können solche Ergebnisse mitunter ziemlich schockierend wirken. (Allerdings besteht noch Hoffnung, denn viele von mir befragte Frauen fanden diese Ergebnisse auch etwas seltsam.)

Die Umfrage unterstreicht immerhin eine Beobachtung, die man oft machen kann: Die Bedürfnisse von Männern und Frauen sind verschieden und Spannungen sind vorprogrammiert. Und Tatsache ist, dass kein Mensch beide Geschlechter in sich vereinigen kann. Erst in der Unterschiedlichkeit und in der Begegnung der Geschlechter entfaltet sich der wahre Reichtum.

Die Unterschiedlichkeit ist natürlich nicht nur biologischer Natur, sondern entfaltet sich auch in der Kommunikation, die wohl das meiste Konfliktpotenzial in sich birgt.

Ein Beispiel: Wenn es ihr beim Erreichen des Urlaubsortes (vor Begeisterung) die Sprache verschlägt, ist das für ihn Grund genug, möglichst lange dableiben zu wollen, weil er hofft, dass die Sprachlosigkeit anhält und er seine Ruhe hat. (Ich möchte nicht versäumen, anzumerken, dass dieser letzte Satz vor allem auf die Sprachbehinderung vieler Männer hinweisen soll.)

Als wären Mann und Frau nicht schon unterschiedlich genug, suchen sich viele Menschen einen Partner, dessen Persönlichkeit sich besonders stark von der eigenen unterscheidet. Hier nur ein Beispiel dafür aus meiner Ehe: Meine Frau Ruth ist sehr heimatverbunden. Gegen das Reisen in ihre mecklenburgische Heimat ist jedes andere Urlaubsziel allenfalls zweite Wahl. Beständigkeit ist für sie ein hoher Wert. Deswegen lässt sie sich von Fernreisen nur schwer begeistern. Meine Bedürfnisse zielen dagegen in eine andere Richtung. Meine Globetrotter-Anteile sind zwar nicht überdosiert, aber doch reichlich vorhanden. Ich möchte gern etwas von der großen, weiten Welt sehen.

Haben Sie sich schon einmal überlegt, warum sich Gegensätze eigentlich so stark anziehen? Natürlich deshalb, weil uns als Einzelnen irgendetwas fehlt. Dort, wo wir das Andere nicht mehr als etwas Feindliches betrachten, können wir von ihm profitieren. Durch meine Frau habe ich die Vorzüge schätzen gelernt, die Rückkehr in das Vertraute mit sich bringt. Und Ruth hat entdeckt, dass eine Ortsveränderung auch Freude bereiten kann. Aber wir müssen unsere Bedürfnisse nicht aufgeben, sondern können und dürfen uns in unserer Unterschiedlichkeit ergänzen. Seit kurzem sehen wir es nicht mehr als problematisch an, wenn Ruth gelegentlich ohne mich in ihre alte Heimat fährt und ich irgendwo anders hin.

Halten wir fest: Ähnlichkeiten verbinden Menschen miteinander. Aber nur durch die Unterschiede wachsen wir. „Jeder Mensch hat Eigenschaften, die mir fehlen", sagte einmal der Schweizer Aphoristiker Paul Schibler. Eine besondere Ergänzung geschieht dort, wo ich dem anderen Geschlecht begegne. Und das gilt nicht nur innerhalb einer Partnerschaft, sondern bei allen Gelegenheiten, in denen Frauen und Männer aufeinander treffen.

## Für Verheiratete

*Würdigen Sie Gottes Geschenk der Sexualität*

In der Verfilmung des gleichnamigen Heinrich-Mann-Romans steht der „Untertan" in Erwartung des bevorstehenden Geschlechtsaktes andächtig vor dem Ehebett, den Blick auf das Porträt seines Herrschers gerichtet, und sagt: „Bevor wir zur Sache selbst schreiten, gedenken wir Seiner Majestät unseres allergnädigsten Kaisers."

So grotesk diese Menschenverehrung auch erscheint – bei diesem Bild drängt sich mir doch ein Vergleich zu meiner Gottesbeziehung auf. Wie viele andere Christen bin ich es gewohnt, Gott vor dem Essen zu danken. Seltsamerweise scheint ein Dankgebet vor dem Intimverkehr in den allermeisten Ehen nicht gerade zu den gängigen Gewohnheiten zu gehören. Und das, obwohl Gott dem menschlichen Körper weitaus kompliziertere Strukturen gegeben hat, als der Kartoffelpflanze oder dem Getreide!

Wenn wir die Sexualität von ihrem Schöpfer abkoppeln, ist das ungefähr so, als würden wir den Vertrag mit der Energiegesellschaft kündigen, weil der Strom ja eh aus der Steckdose kommt. Das heißt aber nicht, dass wir den Geschlechtsverkehr erst durch einen religiösen Akt heiligen müssen. Das hat Gott längst schon getan, als er Mann und Frau schuf. Unser Part besteht darin, das Geschenk Gottes ehrfurchtsvoll und dankbar anzunehmen.

Bei der Erschaffung des Menschen hat Gott auf einzigartige Weise gezeigt, wie verschwenderisch, lustbetont und spielerisch er ist. Der Frau hat er eine Klitoris gegeben – ein Körperteil, das keine andere Funktion besitzt, als sexuelles Vergnügen zu empfinden. Und nur beim Menschen haben beide Partner die biologischen

Voraussetzungen, um einen Orgasmus zu erleben. Männer haben im Vergleich zu den entsprechenden Vertretern in der Tierwelt einen verhältnismäßig großen Penis und nur bei der Frau entwickeln sich die Brüste lange vor der ersten Schwangerschaft. Und nicht zuletzt: Das „Weibchen" ist nicht nur während einer begrenzten Paarungszeit im Jahreszyklus sexuell ansprechbar und zeugungsfähig.

Was empfinden wir eigentlich bei der Vorstellung, dass Gott anwesend ist, wenn zwei Menschen miteinander Sex haben? Vielleicht sollten wir uns einmal bewusst machen, dass Gott die menschliche Sexualität mit einer heiligen Mischung aus Ernsthaftigkeit und Vergnügen geschaffen hat. Können Sie Gott und die Sexualität ohne Probleme miteinander in Verbindung bringen? Vielleicht ist es ja jetzt Ihre Aufgabe, daran zu arbeiten, die Sexualität ins rechte Licht zu rücken und einige Vorstellungen über Gott zu revidieren.

## Für Singles

*Sie sind vollständig, auch ohne Partner!*

Wer hat bloß den seltsamen Gedanken in die Welt gesetzt, dass das Leben erst mit einem Partner komplett sei? War Jesus als Mensch etwa kein richtiger Mann, weil er nie eine Frau hatte? Gott lässt den Menschen keineswegs unvollständig über diese Erde gehen. Er hat, als er uns das Leben schenkte, nicht etwa gedacht: „Aber so richtig komplett ist dieser Mensch erst, wenn er einen Partner gefunden hat."

Niemand kann die eigene Persönlichkeit vollständiger machen, denn jede und jeder ist von Anfang an uneingeschränkt Frau beziehungsweise Mann. Wer davon überzeugt ist, wirkt natürlich auf potenzielle Partner besonders attraktiv.

Wenn Sie als Single sexuell enthaltsam leben und sich mit dieser Tatsache einigermaßen ausgesöhnt haben, können Sie vielleicht eher erkennen, dass das andere Geschlecht für das eigene Leben auch jenseits aller sexuellen Begehrlichkeit äußerst inspirierend ist. Öffnen Sie sich für die Bereicherung, die Sie durch den anderen erfahren können. Es gibt viel zu entdecken!

## Fazit

Gott hat zu Ihrem Geschlecht uneingeschränkt Ja gesagt. Er wünscht sich, dass Sie das ebenso tun können. Denn wenn Sie sich selbst wertschätzen, werden Sie auch dem anderen Geschlecht mit Ehrfurcht begegnen können.

### Impulse zum Nachdenken

- „Gott hatte etwas sehr Gutes im Sinn, als er mich als Frau beziehungsweise Mann schuf."
- „Ich mache etwas daraus. Ich will entdecken, welche Gaben und Möglichkeiten ich durch mein Geschlecht in mein Lebensumfeld einbringen kann."
- „Auch das andere Geschlecht will ich achten. Und ich möchte immer wieder erkennen, welche Bereicherung in dessen Andersartigkeit steckt."

# 4. Die Sehnsucht, jemand anders bewundern zu können

Vielleicht glauben Sie mir nicht, wenn ich Ihnen sage, dass Sie tief in Ihrem Herzen jemanden bewundern möchten. Natürlich fühlen wir uns gut, wenn andere uns bewundern. Aber das reicht uns nicht. Wir wollen uns auch dadurch groß fühlen, dass wir jemanden bestaunen können.

## A. Unser Bedürfnis, Gott anzubeten

Als Säugling schauten wir staunend zu unserer Mutter oder einer anderen Bezugsperson auf. Sie schien uns so unfassbar groß zu sein. Und wie sie das alles bloß machte! Für uns hatte sie beinahe göttliche Eigenschaften. Ich weiß, daran können Sie sich nicht mehr erinnern, was vermutlich unter anderem daran liegt, dass sich das Verhältnis zu unseren Eltern im Laufe der Zeit rasch änderte.

Doch solange wir Kind waren, waren wir davon überzeugt, dass wir es alleine nicht schaffen würden, erwachsen zu werden. Wir wussten, dass wir jemanden brauchen, der größer und stärker ist als wir und an dessen Seite wir uns weniger verloren vorkommen.

Auch als Erwachsene versuchen wir, uns an einen Menschen zu binden, durch den wir uns in irgendeiner

Hinsicht größer oder wichtiger vorkommen. Wir sehnen uns nach bleibender Bedeutung. Eine Antwort darauf ist der Wunsch, Kinder zu bekommen. Wir wollen, dass etwas von uns bleibt, wenn wir einmal nicht mehr sein werden.

Natürlich wissen wir um die Grenzen solcher Bestrebungen. Selbst wenn wir einen Menschen zu einem Idol machen – unseren Hunger nach der Ewigkeit berührt das nicht. Deswegen sehnen wir uns letztlich danach, *Gott* zu verehren, ihn anzubeten. Genau das hat er uns in seinen Geboten aufgetragen. *Wie können wir Gott anbeten? Welche Lieder und welche Texte eignen sich dafür am besten?*, fragen wir uns manchmal. Aber Äußerlichkeiten sind unwichtig, wie es Jesus der Samariterin am Jakobsbrunnen klar gemacht hat (vgl. Johannes 4,24).

Folgende drei Dinge sind wichtig, wenn wir Gott anbeten wollen:

### 1. Geben Sie Gott allein die Ehre

Anbetung ist entweder exklusiv oder unglaubwürdig. Stellen wir uns vor, wir würden an jedem Wochentag einen anderen Gott anbeten. Und am siebten Tag wäre Jesus dran. Das wäre lächerlich, denn Anbetung verträgt sich nicht mit der Vorstellung, man müsste sich noch an anderer Stelle etwas Wichtiges holen. Gott selbst hat gesagt: „Ich bin der Herr dein Gott. (...) Du sollst keine andere Götter haben neben mir“ (2. Mose 20,1).

### 2. Versuchen Sie nicht, Gott gefügig zu machen

Annika führte ein intensives Gebetsleben. Sie bat Gott täglich darum, die Kleinigkeiten ihres Alltags in die Hand zu nehmen. Und auch das Danken kam nicht zu kurz. Aber eines Tages fiel ihr auf, dass ihre Gespräche mit Gott eigentlich an eine Geschäftsverhandlung erinnerten. Sie erkannte, dass sie sehr oft versuchte, Gott von ihrer Meinung zu überzeugen. Manchmal versprach sie ihm sogar etwas, wenn er sie nur erhören würde. Neulich – als Annika in der Gemeinde saß und all die bekannten Lieder mitsang – ging ihr ein Licht auf. Sie betete: „Gott, ich stimme dir und deinem Handeln vorbehaltlos zu. Dass du in deiner Macht und Liebe vollkommen bist, möchte ich nicht mehr infrage stellen, nur weil sich manche meiner Wünsche nicht erfüllt haben." Und ihr war so, als hätte Gott ihr geantwortet: „Du brauchst mich jetzt nicht mehr darum zu bitten, dass ich dir helfe. Das tue ich schon längst. Schau auf das Wichtigste: darauf, dass unsere Liebe zueinander auf ewig besiegelt ist." Seit dieser Erfahrung wusste Annika, was der Unterschied zwischen ihren herkömmlichen Gebeten und wahrer Anbetung ist.

### 3. Machen Sie sich bewusst: Die Nähe Gottes genügt!

Im 73. Psalm richtet Asaph eine ausführliche Beschwerde an Gott. Er ist davon überzeugt, dass ihm eigentlich viel mehr Glück zusteht, als er gegenwärtig erlebt, und fordert Gott auf, seine Ration an Bewahrung und Segnung spürbar zu vergrößern. Aber nach allem Klagen ändert Asaph seine Haltung – und das, obwohl sich an seiner äußeren Situation noch gar nichts verändert hat. Er lässt all seine Forderungen los und kann Gott sagen: „Wenn ich nur dich habe, so frage ich nichts nach Himmel und Erde" (Psalm 73,25).

Es kommt einer himmlischen Erfahrung gleich, wenn ich sagen kann: „Dass ich dir, Gott, nahe bin, füllt mich so aus, dass alle meine anderen Bedürfnisse (einschließlich meiner sexuellen Wünsche) ganz in den Hintergrund treten. Ich beanspruche nichts mehr und ich muss mich auch nicht mehr in eine bestimmte Gefühlslage versetzen. Ich kann es genießen, dass mein Wunschkarussell einmal zur Ruhe kommt. Dadurch kann ich ganz frei und entspannt sein."

*Wie utopisch!*, denken Sie vielleicht. Doch weshalb sollte der Heilige Geist genau diese Haltung nicht in uns bewirken können?

### Das wahre Ziel der Anbetung

Wenn wir die Ewigkeit bei Gott verbringen wollen, müssen wir es von Herzen wollen. Es ist nicht so wichtig, viel über Gott zu wissen oder immer alles richtig zu machen. Es kommt allein darauf an, sich immer wieder nach der Nähe Gottes auszustrecken. Wenn wir erkennen, was uns das bedeutet, dann wird uns nichts auf der Welt wichtiger sein.

Im Alltag helfen uns ein technisches Gerät oder eine Dienstleistung nur dann, wenn sie unseren Bedürfnissen entsprechen und uns den Alltag erleichtern. Ansonsten werden wir das Gerät oder die Dienstleistung reklamieren. Anders ist es mit Gott: Er muss seine Tüchtigkeit nicht unter Beweis stellen. Wir beten ihn nicht an, weil er uns das gibt, was wir zu brauchen meinen, sondern weil er Gott ist.

Dass ich in einer Haltung der Anbetung angekommen bin, merke ich unter anderem daran, dass ich anders bete. Statt des üblichen „Herr, ich brauche deine Hilfe ..." spielen in der Anbetung das Wort „ich" und meine Bedürftigkeit eine untergeordnete Rolle. Vielmehr schaue ich auf das, was Gott schon getan hat und was er beabsichtigt, unter uns Menschen zu tun. Und erst danach kommt mir der Gedanke: *Weil du allmächtig bist, kannst du mich, Herr, in dein Handeln einbeziehen. Ich stehe dir zur Verfügung. Aber wie sehr ich selbst dabei in Erscheinung trete, ist nicht so wichtig.*

Leider gelingt es mir nicht so häufig, den Blick ganz

von mir weg und auf Gott zu richten. Aber ich bin ihm dankbar für die Verheißung, die er uns gegeben hat: dass wir einmal in seinem Reich sein werden, wo unser Leben ganz von Anbetung bestimmt sein wird. Wie töricht wäre es doch, diese Aussicht aus dem Blick zu verlieren!

## B. Eine Anleitung zum Staunen

Es gibt unendlich viele Dinge, über die man staunen kann. Welche Eindrücke verschaffen Ihnen ein Erfrischungsbad der Gefühle? Für mich kann es das Eintauchen in eine norwegische Fjordlandschaft oder eine verschneite Welt sein, die mir einen solch genussvollen Anblick beschert. Wenn ich diesen Anblick genieße, dann verschlägt es mir beinahe den Atem.

Doch auch wenn wir es meist übersehen: Bewundernswerter als jedes noch so grandiose Naturerlebnis sind wir selbst. Gott schätzt uns Menschen viel mehr als alles andere, was er geschaffen hat.

Albert Schweitzer sagte einmal: „Das Schönste, was es in der Welt gibt, ist ein leuchtendes Gesicht." Das Vollkommenste, das Gott sich jemals ausgedacht hat, ist zweifellos der menschliche Körper. Dieses Meisterwerk können wir nur bewundern. Als Adam ehrfurchtsvoll staunte, als er Eva das erste Mal sah, wurde Gott nicht etwa eifersüchtig. Er wusste: Adams Bewunderung der Frau war zugleich ein Staunen über Gottes Kreativität.

Wenn wir lernen, über das Leben zu staunen, dann gelangen wir dadurch fast automatisch zu einer Anbetung des Schöpfers.

Führen Sie sich beim weiteren Lesen einmal einen Menschen vor Augen, mit dem Sie sehr eng verbunden sind (beispielsweise durch Freundschaft, Ehe oder eine andere Beziehung). Die folgenden Punkte sollen zeigen, worauf es ankommt, wenn wir einen anderen Menschen bewundern wollen:

### Der andere ist etwas Besonderes

Es gelingt uns nicht immer, zu erkennen, was einen Freund oder einen Ehepartner eigentlich so einzigartig macht. Wir tun uns vor allem dann schwer, ihn als etwas Besonderes zu sehen, wenn wir uns mal wieder über ihn ärgern oder das Außergewöhnliche an ihm eher als Marotte betrachten.

Suchen Sie nach einem günstigen Augenblick, in dem Sie diesem Menschen einmal sagen: „Du bist mir sehr wichtig. Wenn wir miteinander Zeit verbringen, dann interessiert mich nichts anderes."

Das, was uns wirklich wichtig ist, ist nie etwas Beliebiges oder Austauschbares. Ich besuchte einmal einen 78-jährigen Mann, der drei Jahre zuvor mit seiner Großfamilie aus Russland übergesiedelt war und sich nun nach seiner Heimat zurücksehnte. Er erzählte mir, dass er noch Tabletten aus Russland vorrätig habe, mit denen er sehr sparsam umginge. Denn nur die würden ihm helfen. Ganz stolz zeigte er mir eine Packung, auf der in kyrillischen Buchstaben das Wort „Penicillin" stand. Ich verschwieg ihm, dass er dasselbe Medikament in zigfacher Ausführung in der Apotheke an der nächsten Straßenecke bekommen könnte, denn er hatte Recht: Nur die russische Medizin war das, was ihm vermutlich am besten helfen konnte.

Wenn schon eine Schachtel Tabletten für diesen Mann etwas so Unersetzliches war, wie viel mehr ist es dann ein uns nahe stehender Mensch? Selbst wenn unsere Wege einmal auseinander gehen sollten, kann ihn niemand in dieser Weise ersetzen. Erich Fried schreibt in einem seiner Gedichte:

„Das Leben wäre vielleicht einfacher, wenn ich dich nicht getroffen hätte. Es wäre nur nicht mein Leben."

Viele Menschen haben schon gute Spuren in unserem Leben hinterlassen. Durch sie formte sich unsere einzigartige Geschichte. Dafür können wir eigentlich nur dankbar sein!

### Der andere ist ein Original

Haben Sie auch schon Momente erlebt, in denen Sie sich Ihre Umwelt anpassen wollten? Nicht nur die Kulisse, sondern auch die Darsteller? Doch Sie haben vielleicht schon gemerkt, dass das nicht funktioniert. Gott kann Menschen nach seinem Bilde formen – aber wir können es nicht. Versuchen wir es trotzdem, dann pfuschen wir Gott damit ins Handwerk, denn er hat jeden Menschen als das geschaffen, was er ist: als Original.

### Der andere bereichert mein Leben

Wir haben uns unseren Partner oder unseren Freund doch deshalb ausgesucht, weil wir entdeckt haben, dass wir einander eine Bereicherung sein können. Oder wenn wir uns (wie etwa bei unseren Familienangehörigen) nicht so bewusst füreinander entschieden haben: Könnte es nicht Gottes Absicht gewesen sein, dass sich unsere Lebenswege gekreuzt haben? Was der andere hat und wir nicht – darüber lässt sich bei näherem Hinsehen eigentlich nur staunen. (Aber bitte verwechseln Sie Bewunderung nicht mit Neid!)

### Der andere gehört zu mir, ist aber nicht mein Besitz

Gerade weil ich nicht über den anderen verfügen und ihn nicht wie einen erworbenen Gegenstand behandeln kann, öffnet mir das den Weg, ihn zu bewundern. Ein Indianer sagte einmal sinngemäß: „Ich sah einen Stein am Wegesrand. Er war so schön. Ich ließ ihn liegen." Sobald wir etwas besitzen wollen, sind wir meist nicht mehr in der Lage, darüber zu staunen. Dann bleibt uns nur noch die kühle Welt des Berechenbaren.

### Der andere ist und bleibt ein Geheimnis

Es ist schon seltsam: Selbst wenn man schon viel Zeit miteinander verbracht und sich auf diese Weise immer besser kennen gelernt hat, haben wir manchmal das Gefühl, dass uns der andere immer rätselhafter erscheint. Je länger wir mit einem anderen Menschen zusammen sind, desto mehr schärft sich unser Blick für das Unerforschliche.

Wenn wir den anderen bewundern, sollten wir ihn nicht auf unsere Vorstellungen festlegen. Uns ein Bild von unserem Gegenüber zu machen ist Verrat, hat Max Frisch einmal sinngemäß gesagt. Denn wenn wir das tun, lieben wir das Bild, das wir uns vom anderen gemacht haben, mehr als ihn selbst.

In einem Beratungsgespräch saß mir einmal ein Mann gegenüber, der sich fragte, weshalb sich seine Frau mitunter so scheu verhielt und sich von ihm zurückzog. Schließlich, so erzählte er mir, seien sie doch schon sechs Jahre verheiratet. Mein Gesprächspartner zweifelte daran, dass sie ihm noch vertraute. „Das kann doch nicht normal sein!“, meinte er. Allerdings zu Unrecht.

Wir fanden heraus, dass sich seine Frau nicht etwa so verhielt, weil sie ihren Mann ablehnte oder Angst hatte, dass er ihr wehtat. Geschweige denn wollte sie ihn zurückweisen. Es war vielmehr eine unbewusste Angst, er könnte schon alles an ihr entdeckt haben – wodurch die positive Spannung in der Beziehung verloren gehen könnte. Als er das verstanden hatte, sah er das Verhalten seiner Frau nicht mehr so negativ. Er war nun ihr gegenüber etwas zurückhaltender. Dass sie daraufhin instinktiv zugänglicher wurde, war jetzt schon gar nicht mehr so wichtig.

*Wenn wir nur zusammen sind ...*

Durch den Beistand und die Nähe unseres Freundes oder Partners werden wir manche Schwierigkeit meistern können, die uns alleine überfordern würde. Jetzt brauchen wir die unbezahlten Rechnungen, die gesundheitlichen Probleme und manche Attacke anderer Menschen nicht mehr so sehr zu fürchten. Und auch die Probleme, die sich aus dem Miteinander ergeben, werden wir mutiger anpacken können.

Vergessen Sie nicht: Das größte Elend entsteht nicht durch schwere Schicksalsschläge. Wirklich schwierig wird es erst dann, wenn wir vergessen haben, was uns unser Nächster bedeutet.

Um staunen zu können, bedürfen wir also nicht besonderer Erlebnisse, sondern eines besonderen Blickes. Staunen wird nur dort möglich, wo es uns gelingt, den vertrauten Bereich des Selbsterschaffenen und Kontrollierbaren zu verlassen. Lange Zeit hatten Ruth und ich einen Aufkleber an unserem Schlafzimmerschrank, auf dem stand: „Es stimmt nicht, dass es keine Wunder mehr gibt. Wir haben uns bloß entschlossen, keine mehr anzuerkennen."

Übrigens: Wenn wir es gelernt haben, den Blick von uns weg zu richten – um Gott anbeten und andere Menschen bewundern zu können –, sind wir auch in der Lage, an uns selbst Erstaunliches zu entdecken. Wenn wir von uns selbst wegsehen, schützen wir uns auch davor, in eine egozentrische Selbstverliebtheit abzurutschen.

## C. Die Schönheit des anderen Geschlechts bestaunen

Dürfen wir eigentlich den Körper eines anderen Menschen bewundern und anziehend finden? Gott hat mit dem menschlichen Körper zweifellos etwas Außergewöhnliches geschaffen. Und er freut sich daran. Es ist undenkbar, dass Gott uns untersagt, eine ebensolche Freude zu entwickeln!

Natürlich hat sich nach dem Sündenfall eine Sache einschneidend verändert: Die Bedürftigkeit des Menschen wurde so groß, dass seitdem ein ungehinderter Blick auf die Genitalien des begehrten Geschlechts schnell den eigenen Sexualtrieb anregt. Doch auch das Feigenblatt hat dieses Problem nicht gelöst.

Markus geht im Sommer ganz bewusst nicht an den FKK-Strand. Doch selbst am Textilstrand geben manche Frauen in ihren knappen Bikinis etwa 95 Prozent ihrer Haut seinen Blicken preis. Natürlich ist es nur eine Kleinigkeit, in der Fantasie den restlichen Stoff wegzuretuschieren und die Realität durch zurechtgelegte Schönheitsideale anzureichern. Aber irgendwie scheint es für Markus doch einen Unterschied zu machen, an welchen der beiden Strände er sich begibt. Doch trotz aller Anziehungskraft, die das andere Geschlecht auf ihn ausübt – es ist und bleibt seine Entscheidung, worauf er sich konzentrieren möchte. Wenn manchen Frauen nichts Besseres einfällt, als mit einer äußerst Stoff sparenden „Umhüllung" durch die Straßen zu laufen und auf diese Weise auf sich aufmerksam zu machen, dann versucht Markus, sich daran zu erinnern, dass es auch noch andere schöne Dinge auf dieser Welt gibt.

Doch vielleicht fragen Sie sich ja an dieser Stelle: Wie lassen sich all die Sehnsüchte, die wir mit der Sexualität in Verbindung bringen, mit einem ehrfurchtsvollen Staunen vereinbaren, das den anderen und nicht das eigene Begehren in den Mittelpunkt stellt? Sie wissen ja bestimmt genauso wie ich, dass wir einen Menschen nie unabhängig von seinem Geschlecht betrachten können. Aber was geht Ihnen eigentlich durch den Kopf, wenn Sie einen Menschen des anderen Geschlechts und ihn „schön“ finden?

### *Wahre Schönheit*

... kommt bekanntlich von innen. Doch was heißt das? Schönheit ist eine göttliche Qualität. Wenn Gott uns als schön ansieht, dann nicht etwa deshalb, weil wir uns auf einer Beauty-Farm aufgehalten hätten, sondern weil er von seiner Schönheit etwas in uns, seine Geschöpfe, hineingelegt hat.

Doch sehen können wir unsere Schönheit und die der anderen erst dann, wenn wir uns die Augen für einen angemessenen, wertschätzenden Blick öffnen lassen. Folgende Schritte sind dafür hilfreich:

#### Lernen Sie, die Einzigartigkeit des anderen zu sehen

Dass wir einmalig sind, können wir nicht rückgängig machen – selbst wenn wir es wollten. Doch zuweilen verbergen wir unsere Originalität, indem wir uns anpassen und uniformieren. Die Mode- und Kosmetikindustrie haben sich bei ihrer industriellen Herstellung auf den einheitlichen, idealen Körper ausgerichtet. Auf diese Weise werden einzigartige Menschen mit dem Bandmaß auf eine bestimmte Norm gebracht. Die Ehrfurcht vor ihrer unverwechselbaren Persönlichkeit ist dahin. Besonderheiten werden beinahe unkenntlich gemacht.

Manchmal schimmert zwar durch die gestylte Schale der Models, der „Vorzeigemenschen“, doch noch irgendetwas Interessantes, aber im Grunde ist es in den alltäglichen Begegnungen leichter, die Schöpfungsidee Gottes zu erkennen. Es ist alles eine Frage der Aufmerksamkeit. Übrigens: Die Augenfarbe der Menschen, denen wir täglich begegnen, ist (meiner Meinung nach) ohnehin viel interessanter als die von Julia Roberts, Richard Gere und anderen zweidimensionalen Gestalten.

### Machen Sie sich bewusst, dass man Schönheit nicht vervollkommnen kann

Claudia beneidet ihre Freundin Lisa, die mit ihr in die 10. Klasse geht. Die Jungen umschwärmen sie, weil sie einfach toll aussieht, etwa so wie die Models in den Zeitschriften. Als sie zusammen Abitur machen, wird Claudia langsam klar, dass Lisas Schönheit nicht unbedingt immer so vorteilhaft ist. Sie hat beobachtet, dass Lisas Verehrer den Bienen gleichen, die etwas von der Köstlichkeit der Blüte naschen wollen, dann aber in ihrer Unersättlichkeit zur nächsten weiterflattern. Als Claudia verheiratet ist, macht sie sich manchmal Sorgen um Lisa. Ob diese jemals einen Mann findet, der sie um ihrer selbst willen liebt und der sie nicht nur nehmen will, weil sie so sexy aussieht?

Der Stress mit der äußeren Schönheit ist groß, denn wir sind uns oft nicht so sicher, ob wir für unser Äußeres genug getan haben.

Albert Einstein meinte einmal, zweierlei sei unendlich: die Dummheit der Menschen und das Universum. Aber was das Universum angehe, sei er sich nicht so sicher.

Eine spezielle Ausprägung der Dummheit ist die Eitelkeit. (Ich denke hier an eine Form, die bis zum Äußersten geht. Sie sind also nicht gemeint.) Eitelkeit und Schönheit sind natürliche Feinde. Ein eitler Mensch versucht, die Schönheit für die Zwecke der Selbstverwirklichung zu instrumentalisieren. Aber das funktioniert schon deshalb nicht, weil die Sehnsucht nach Selbstverwirklichung schnell zu einer Sucht wird. Man hat, so las ich, Hollywood-Schönheiten befragt, was sie an ihrem Äußeren verändern würden, wenn alles möglich wäre. Die kürzeste Liste umfasste 48 Punkte.

Auch wir werden durch austauschbare Schönheitsideale manipuliert. Wer sich zum Sklaven irgendwelcher Maßstäbe machen lässt, büßt dabei einen Teil der eigenen Identität ein. Kurt Tucholsky schrieb einmal über die Vertreter eines (an dieser Stelle ungenannten) Geschlechts, dass sie sich – so es Mode werden würde – auch die Fingernägel blau schlagen würden. Ist das nun übertrieben? Wohl kaum. Es gab eine Zeit, da waren Metallteile am und im Körper eher ein Zeichen für Versehrtheit – etwa, wenn ein Knochen verschraubt oder ein Zahn gefüllt werden musste. Dann kam jemand auf die gewinnträchtige Idee, Metall-Implantate als Schmuck zu tragen, und nun sind Millionen von Menschen gepierct.

Es war nie Gottes Absicht, dass wir „Spieglein, Spieglein an der Wand ...“ spielen. Gott hat nichts an unserem Äußeren auszusetzen und wir sollten es auch nicht.

Wenn wir um unsere innewohnende Schönheit wissen, können wir ganz entspannt sein. Wir brauchen unsere Besonderheiten nicht zu verstecken, sondern haben sogar die Freiheit, sie kosmetisch noch ein wenig zu unterstreichen.

### Entdecken Sie, dass sich erst durch unsere Aufmerksamkeit die Schönheit des Anderen entfaltet

Mit Attraktivität kann man zweifellos ein Geschäft machen. Aber dort, wo Menschen sich bedingungslos einander zuwenden, wird Attraktivität zur Nebensache. Erst die bedingungslose Aufmerksamkeit gibt uns die

Sicherheit, nach der sich unser Herz so sehnt. Stellen Sie sich doch einmal vor:

Das Erste, was Eva zu Gesicht bekam, war Adam. Das war irgendwie zu viel auf einmal. Auch Adam war vermutlich wie benommen von diesem Anblick, als er Eva das erste Mal sah.

Beide entdeckten, worin sie sich ähnelten und was das Besondere am anderen war. Doch ihre Bewunderung bezog sich auf viel mehr als auf die voneinander abweichenden Körperteile. Das Atemberaubendste war wohl eher der Lebensodem, den Gott in die Menschen hineingeblasen hatte. Dieser Odem bewirkte eine Lebendigkeit, die eine noch so wohl geformten Puppe nicht haben kann. Lebendigkeit ist es, wodurch unser Herz berührt wird. Die Art, wie Eva sich bewegte, ließ Adam den Atem anhalten. Mich würde einmal interessieren, welche Attribute ihm bei diesem Anblick durch den Kopf gingen. Vielleicht hat Adam seiner Eva ja vor lauter Bewunderung ein Lied gesungen.

Die Fixierung auf den Sexualverkehr hindert uns in Wirklichkeit daran, Schönheit wahrzunehmen. Ich kann mir nicht vorstellen, dass Adam und Eva in der ersten Stunde ihres Kennen lernens darauf aus waren, in fünf Minuten zum Orgasmus zu kommen. *Kein Wunder*, wenden wir ein. *Die beiden mussten ja auch nicht befürchten, durch ein Kind oder das Telefon gestört zu werden.* Adam und Eva begegneten sich voller Unschuld, ganz ohne Scham oder andere Vorbehalte. Alles war möglich. Und nichts war nötig. Sie lebten in einer vollkommenen Freiheit. Sie waren viel zu sehr mit der gegenseitigen Bewunderung und dem Entdecken des Anderen beschäftigt, als dass sie gleich zum sexuellen Höhepunkt kommen mussten.

Niemandem wird es auf dieser Erde jemals gelingen, dem anderen Geschlecht mit einer vergleichbaren Unbefangenheit zu begegnen, wie es die ersten beiden Menschen im Paradies taten. Aber wenn wir zuweilen unsere eigene Bedürftigkeit vergessen, haben wir viele Möglichkeiten zum Staunen.

## Für Verheiratete

### *Schaffen Sie einen Raum für die Bewunderung Ihres Partners*

Eine Frau, und sei sie auch noch so emanzipiert, möchte von ihrem Mann bewundert werden – nicht ständig, aber immer wieder und am besten ein Leben lang. Und ein Mann möchte von seinem weiblichen Gegenüber vor allem geachtet und respektiert werden. Egal, ob wir Mann oder Frau sind: Wir sehnen uns alle nach Verehrung. Wie können wir nun eine Atmosphäre schaffen, in der das möglich wird?

#### Bewunderung ist mehr als ein Vorspiel

Mirjam mag es, wenn ihr Mann ihren Körper bewundert. Doch sie stört es sehr, dass dies fast ausnahmslos nur dann passiert, wenn Martin mit Mirjam schlafen will. Ihr kommt es so vor, als sei seine Verehrung nur ein Vorspiel, eine Art Mittel zum Zweck. Es dauert sehr lange, bis sie in einer entspannten Stunde einmal über dieses Problem sprechen können. Martin denkt darüber nach, ob das Bewundern seiner Frau nicht schon einen Wert in sich haben könnte. Nun achtet Martin mehr auf eine Zärtlichkeit, die nicht irgendwelchen Absichten folgt.

Wenn beim Sex so etwas wie ein sanftes Beben durch

den ganzen Körper und unsere Seele geht, kann das eine Erinnerung daran sein, dass wir aus bedeutend mehr als nur Sexualorganen bestehen.

### Sex – eine Form, Gott anzubeten

Manche jungen Leute tragen ein Armband mit den Buchstaben WWJD – eine Abkürzung für eine wichtige Frage, an die sie sich im Alltag erinnern möchten: What would Jesus do? Können wir uns vorstellen, dass uns Jesus, wenn er uns durch den Tag begleitet, irgendwann zu unserem Partner ins Bett schickt?

Einer bestimmten Liturgie der anglikanischen Kirche zufolge versprachen sich Mann und Frau in der Trauzeremonie einst mit den Worten: „Mit meinem Leib verehre ich dich."

Anders ausgedrückt: Im Sex findet die Bewunderung einer besonderen Schöpfungstat Gottes unter ganzem Körpereinsatz seinen Ausdruck. Wir können also hinter dem Geschöpf – dem Partner – den Schöpfer erkennen und Gott mit Leib, Seele und Geist bestaunen. Sex kann also zu einer von vielen Möglichkeiten werden, Gott anzubeten.

Natürlich dienen wir durch die Sexualität nicht nur Gott, sondern auch einander. Wir würdigen uns gegenseitig und feiern die Möglichkeiten, uns aneinander zu erfreuen. Der eigentliche Sinn der sexuellen Lust liegt also darin, dass wir überhaupt erst bereit werden, uns einander hinzugeben.

### Wie Sie Ihren Partner ganz praktisch verehren können

Tom und Vanessa sind seit 19 Jahren verheiratet. Die ersten Jahre waren euphorisch. Aber der Alltagsstress hat ihnen viel abverlangt. Tom war als Verkaufsleiter einer großen Softwarefirma viel unterwegs. Vanessa war mit ihren drei Kindern, der Hausarbeit und einem kleinen Nebenjob auch sehr eingespannt. Immer wieder gab es ein Tauziehen um Zeit, Kraft und Aufmerksamkeit.

Letzten Sommer waren Tom und Vanessa zum ersten Mal wieder zwei Wochen ohne Kinder im Urlaub. In dieser Zeit stürzten sie sich in das Abenteuer einer sechstägigen Hochgebirgswanderung. Während sie am vierten Abend aneinander geschmiegt auf einem Gipfel, der nur eine halbe Wegstunde von der nächsten Hütte entfernt lag, den Sonnenuntergang beobachteten, bewunderte Tom nicht nur die Berge, sondern auch das Leuchten in den Augen seiner Frau.

Hier oben in den Bergen ging ihm ganz neu auf, dass seine Frau von dem, was er vor 20 Jahren an ihr so anziehend gefunden hatte, nichts eingebüßt hat. Er flüsterte ihr ins Ohr: „Die Berge sind schön. Aber als Gott dich schuf, wollte er ganz besonders angeben.“ Das war seit langer Zeit der romantischste Augenblick in ihrer Ehe. Und das fand nicht nur Vanessa. Es war für beide *das* Gipfelerlebnis in ihrem Urlaub.

Am nächsten Tag dachte Tom weiter darüber nach, was ihn bewegte. Er hatte gelesen, dass Ehepartner ihr persönliches Schönheitsideal von der Gestalt ihres Partners prägen lassen und ihn nicht an irgendwelchen genormten Idealen messen sollten. Wie leicht hatten es da doch Adam und Eva angesichts fehlender Vergleichsmöglichkeiten! Je länger Tom darüber nachdachte, desto unangebrachter erschien es ihm, seine unvergleichliche Vanessa mit irgendeiner anderen Frau zu vergleichen. Er hatte sich für *sie* entschieden. Was hatten sie nicht schon alles miteinander erlebt – nicht zuletzt mit und durch ihre Kinder. Und wie gut sie letztlich doch ihr Leben gemeinsam meisterten!

Was ihr Äußeres betraf: Tom liebte an Vanessa gerade das, was andere nicht oder ganz anders wahrnahmen: ihre Figur, die Konturen ihres etwas rundlichen

Gesichtes, ihre Augen, ihr Lächeln ... Nur was ihre Haarlänge anging, waren sie noch nie einer Meinung. Aber das war für ihn jetzt eher eine Nebensächlichkeit.

Tom lernte während des Wanderurlaubs aber nicht nur das Äußere an seiner Frau neu zu sehen. Er bekam auch einen neuen Blick für ihre inneren Qualitäten: ihre Entscheidungsfähigkeit, ihre unglaubliche Intuition und ihre Schlagfertigkeit. Doch eigentlich wollte er gar nicht mehr nach irgendwelchen Argumenten für ihre Einzigartigkeit suchen. Er freute sich, dass es sie überhaupt gab und dass sie ihn liebte.

Zum Glück gelang es Tom, diese Erfahrungen in den Alltag mit hineinzunehmen. Manchmal schreibt Tom jetzt morgens auf einen Haftzettel einen kurzen Satz für Vanessa und klebt ihn irgendwohin, wo sie ihn im Laufe des Tages entdecken wird. Auf dieser Notiz steht dann, was er an ihr mag und dass er sie bedingungslos liebt. Natürlich bekommt er auch – ohne das erwartet zu haben – viel Bestätigung und Zuwendung zurück.

Ihre Schäferstündchen sind jetzt nicht mehr mit so viel Erwartungsdruck aufgeladen. Und nachdem sie miteinander geschlafen haben, erfüllt sie immer wieder ein unverhofftes Staunen über das, was Gott ihnen durch den Sex schenkt. Sie haben sich ganz fallen gelassen, haben alles gegeben, ja sich aufgegeben – und doch so viel dabei gewonnen.

Tom verspürt eine großes Dankbarkeit, gerade wenn er hört, wie die anderen Männer in seinem Fußballverein über ihre Frauen sprechen. Manch einer wünscht sich eine Frau, die eitel und intelligent ist, ihn verwöhnt und sparsam ist, darüber hinaus überaus fleißig und stets ausgeruht ... Diese Erwartungen führen im Grunde zu einem Konflikt mit dem Gesetz: denn ihnen ist nur die Ehe mit *einer* Frau erlaubt. Und die wiederum kann niemals allen Wunschbildern gerecht werden.

# Für Singles

*Auch jenseits der Sexualität ist es möglich, jemanden zu bewundern*

John Eldredge hielt unter Singles mittleren Alters einen Vortrag über die Herrlichkeit des Himmels. Danach taten sich mehrere Frauen zusammen, um ihm diese eine Frage zu stellen: „Wird es im Himmel Sex geben?" Vermutlich wollten sie wissen: „Wird mir zumindest dort nachgeliefert, was ich hier auf der Erde an erfüllender Erfahrung vermisse?" Doch geht es wirklich nur um ein paar Momente, in denen es zum Orgasmus kommt? Hinter dieser Frage der Frauen steht – zumindest klingt es in meinen Ohren so – die Überlegung, dass man erst noch mal überlegen müsste, ob man wirklich in den Himmel will, wenn es da nicht die Möglichkeit gibt, Sex zu haben.

Wird es also im Himmel Sex geben? So viel wir wissen, werden wir dort damit beschäftigt sein, Gott anzubeten und ihm für das zu danken, was er geschaffen hat. Dazu gehört auch sein Meisterwerk, der menschliche Körper, der dann in himmlischer Gestalt und vollendeter Schönheit für die Ewigkeit ausgestattet sein wird. Glauben Sie mir: Wenn wir einmal im Himmel sind, werden wir ungeahnt viele Möglichkeiten haben, Gott in seiner Herrlichkeit anzubeten. Wen wird es dann noch ernsthaft interessieren, ob es irgendetwas gibt, das mit der Sexualität vergleichbar wäre!

Ute besucht nach langer Zeit ihren Bruder Karsten, der auch Single ist. Der erzählt ihr, dass er jemanden gefunden hat, den er sehr mag, sodass er fast von Liebe sprechen möchte. Ute ist ganz aufgeregt: „Erzähl mir mehr. Wie heißt sie?" Karsten antwortet: „Wieso ‚sie'?

Ich spreche von meinem Freund!" Ute überlegt sich sofort: „Ist mein Bruder vielleicht homosexuell und ich habe gar nichts davon mitbekommen?"

*Komisch*, denkt sie sich auf dem Nachhauseweg, *dass wir Menschen immer sofort an Sex denken müssen.* Warum kann nicht auch die Freundschaft zwischen Männern oder zwischen Frauen – Beziehungen, in denen Sexualität naturgemäß keine Rolle spielt – den Begriff „Liebe" verdienen? Kann nicht eine platonische Freundschaft ebenso intensiv sein, wie man es sich von einer ehelichen Beziehung wünscht? Seit dem Besuch bei ihrem Bruder schätzt sie ihre vielen Freundschaften mehr als vorher.

Schauen Sie sich um! Die Welt ist voller Wunder. Ob wir sie wahrnehmen, hängt davon ab, ob wir ein kindliches Gemüt haben. Mehr ist nicht nötig, aber auch nicht weniger.

Dass wir, wenn wir keine sexuellen Erfahrungen machen, nicht so viel Spaß und ein weniger erfülltes Leben haben, ist ein Trugschluss.

Wenn Sie lernen, Ihre Fixierung auf das Sexuelle zu lösen und andere Menschen um ihrer selbst willen zu bewundern, werden Sie zurückbekommen, was Sie durch Ihre Wertschätzung an andere weitergeben.

## Fazit: Bekommen Sie einen Blick für die Ewigkeit

Anbetung ist wie ein Nachhausekommen an einen Ort, an dem einem zum Glücklichsein nichts mehr fehlt. Auch in Beziehungen kann das Zusammensein so erfüllend sein, dass alle noch offenen Wünsche ihre Bedeutung verlieren. Mit freundschaftlichen und partnerschaftlichen Beziehungen hat Gott etwas geschaffen, worin seine Liebe zur Entfaltung kommen kann – eine Liebe, die unsere Seele berührt. Sind in einer Partnerschaft alle Voraussetzungen erfüllt, kann eine tiefe körperliche Nähe einen seelischen Einklang untermauern. Aber *herstellen* kann Sex dieses Einssein nicht.

## Impulse zum Nachdenken

- „Ich nehme mein Bedürfnis wahr, andere Menschen zu bewundern."
- „Ich sehne mich danach, in der Anbetung Gottes ganz aufzugehen, ihn in einer Weise anzubeten, die über alles Bitten und Danken hinausgeht. Dann bin ich in der Lage, ihm alles zu überlassen."
- „Ich möchte über das, was Gott geschaffen hat, staunen können. Ich will dafür offen sein, einen anderen Menschen wertzuschätzen und zu bewundern – ohne ihn in Besitz nehmen zu wollen und ohne irgendwelche anderen Ansprüche zu stellen. Und natürlich ohne ihn zu meinem Gott machen zu wollen."
- „Wenn ich das tue, werde auch ich Wertschätzung und Bewunderung erfahren."

# 5. Die Sehnsucht nach ungeteilter Hingabe

Neulich meinte unsere 14-jährige Pflegetochter: „Manche leben so langweilig!“ Ich wollte ihr nicht widersprechen. Doch wie schaffen wir es, nicht nur ein Leben voller Abwechslung, sondern ein *ausgefülltes* Leben zu führen?

Eine Bungee-Jumperin schwärmte davon, dass ein Sprung aus großer Höhe besser sei als Sex. Natürlich: Sie hat ihre Grenzen ausgetestet, für einen erheblichen Adrenalin-Ausstoß gesorgt und kann die danach einsetzende Erleichterung (doch noch am Leben zu sein) voll auskosten. Wer den nötigen Kick braucht, für den ist der freie Fall ein durchaus wirksames Mittel, das ihm Abwechslung und Abenteuer verschafft.

Auch beim Sex lässt man sich fallen und genießt die Entspannung nach einer intensiven Erregung von Körper und Seele. Doch hier geht es um weitaus mehr als um ein körperliches Erlebnis, das einen in Hochstimmung versetzt. Beim Sex wird unser tiefes Bedürfnis nach Hingabe angesprochen. Wir sehnen uns danach, mit einem Menschen in eine intensive Beziehung zu treten.

## A. Weshalb wir uns einem anderen Menschen hingeben wollen

Haben Sie schon einmal darüber nachgedacht, was es bedeutet, sich einem anderen Menschen ganz hinzugeben und welche Herausforderungen und Opfer dies mit sich bringt?

### *Das Risiko ist hoch, denn es geht um alles*

Gerade hat mich jemand am Telefon überreden wollen, Lotto zu spielen. „Wer nicht wagt, der nicht gewinnt", sagte die freundliche Stimme. Aber überzeugt hat mich das nicht. Wenn ich schon etwas wage, dann will ich mehr als nur Geld gewinnen – außerdem kann ich vom Geld ja noch nicht einmal sicher sagen, ob es mich wirklich glücklicher macht. Wagen würde ich nur etwas, von dem ich überzeugt bin, dass es mein Herz warm werden lässt. Dafür muss ich freilich mehr als Geld einsetzen: vor allem meine Kräfte und meine Zeit – das Wertvollste, was uns Menschen anvertraut ist. Und im Grunde weiß ich nicht, was auf dem Spiel steht und was es mich am Ende kosten wird. Vielleicht wird in der Folge der Ereignisse meine Gesundheit angegriffen. Möglicherweise komme ich auch an einen Punkt, an dem mein Leben bedroht ist. Selbst dann könnte und würde ich nicht einfach so einen Rückzieher machen. Erscheint Ihnen das zu pathetisch und weltfremd? Aber ohne bedingungslose Hingabe und vollen Einsatz ist echtes Leben nicht möglich. Denken Sie nur beispielsweise einmal an all die Frauen, die ein Kind zur Welt bringen. Wenn wir die Absicht haben, etwas zu kaufen, wollen wir in der Regel zuerst den Preis wissen. Aber den Preis, den wir für unsere Hingabe bezahlen müssen, werden wir nie im Vorfeld erfahren. Wenn wir uns dafür entscheiden, müssen wir ein nicht kalkulierbares Risiko in Kauf nehmen.

Das gilt vor allem für Beziehungen. Wenn wir einem anderen unser Herz öffnen, wird der wichtigste aller Begriffe – Liebe – für uns eine persönlichere, tiefere Bedeutung bekommen. Wenn wir uns einem Menschen hingeben, werden wir zu einem späteren Zeitpunkt niemals so tun können, als hätte es ihn nie gegeben. Die Beziehung zum anderen fesselt uns – im wahrsten Sinne des Wortes.

Das gilt auch für die sexuelle Begegnung. Wenn sich ein Paar zum ersten Mal im Sex hingibt, dann tun beide es, ohne wirklich begreifen zu können, worauf sie sich einlassen und was diese Hingabe ihnen noch alles abverlangen könnte.

„Es ist wahrscheinlich, dass nicht der kleinste Anflug eines Schattens über die Augen eines Mannes geht, der nicht auch die Augen seiner Frau verdunkelt. Und, um es knallhart zu sagen, das ist es, was immer und unausweichlich auf dem Spiel steht, wenn zwei Leute zusammen ins Bett hüpfen."* Mit einem bestimmten Menschen zum ersten Mal intim zu werden hat immer ein Nachspiel – auch wenn wir danach versuchen, sofort zur Tagesordnung überzugehen. Denn nun hat dieser Mensch einen Platz auf der Festplatte unserer bewussten und unbewussten sexuellen Gefühle. Für diese Erfahrung gibt es keine Löschfunktion.

### *Es gibt kein Entkommen*

Wir können das Risiko nicht wirklich verringern. Auch wenn viele es versuchen, indem sie sich beispielsweise

* Mike Mason: Das Geheimnis der Ehe. R. Brockhaus 2001, S. 134.

nur vorläufig oder allenfalls für einen bestimmten Lebensabschnitt für einen Partner oder eine Freundschaft entscheiden. Doch sobald wir mehr Hingabe vortäuschen, als wir bereit sind zu geben, ist das der Anfang vom Ende.

Sehr viele Menschen sehnen sich nach sexuellen Erfahrungen, ohne sich ganz auf den anderen einlassen zu wollen. Manche verschaffen sich die nötigen fantasieanregenden Produkte, um ihren sexuellen Druck abzubauen. Aber das ist ja nicht das, was wir eigentlich brauchen.

Wenn ein Mann sich entschließt, ins Bordell zu gehen, steht oft der Wunsch nach einer persönlichen Beziehung hinter seinem Verlangen nach Sex. Ich hörte einmal, dass Prostituierte zuweilen zu Seelentröstern von innerlich vereinsamten Menschen werden und der Geschlechtsverkehr dann völlig zweitrangig wird. Der Versuch, Körper und Seele getrennt voneinander zu betrachten, ist von vornherein zum Scheitern verurteilt. Deshalb ist sexuelle Begegnung immer auch ein Stück Schicksalsgemeinschaft.

Aber auch wenn Sex keine Rolle spielt, versuchen Menschen, sich durch Unverbindlichkeit vor Beziehungsstress aller Art zu schützen. Doch diese Unverbindlichkeit wird die meisten Menschen nur für kurze Zeit glücklich machen. Allen Beziehungsproblemen dadurch aus dem Weg gehen zu wollen, dass man alle anderen Menschen auf Sicherheitsabstand hält, führt letztendlich zur Vereinsamung. Wer auf Nummer sicher gehen will und jeden Ärger, den Beziehungen mit sich bringen können, vermeiden möchte, wird sich bald über seine Feigheit ärgern.

Die Alternative ist das volle Risiko. Warum entschließen wir uns immer wieder, uns auf das Wagnis einzulassen?

## *Wir fürchten nichts so sehr wie die Sinnlosigkeit*

Noch mehr als alle Schwierigkeiten, die uns widerfahren könnten, wenn wir uns ganz auf jemanden einlassen, fürchten wir uns vor einem sinnentleerten Leben. Außer Spesen nichts gewesen – das darf unterm Strich keinesfalls herauskommen. Wenn uns jemand fragt, wozu wir eigentlich leben, wollen wir unbedingt mit einem triftigen Lebensinhalt aufwarten können. Denn gegen die Leere in uns sind wir nicht abgesichert.

Deshalb sehnen wir uns so sehr nach einem Gegenüber, nach einer Beziehung, in der wir sagen können: „Wir sind füreinander da." Und zwar nicht nur dann, wenn wir gerade noch zwischen Zähneputzen und Einschlafen ein bisschen Zeit übrig haben, sondern *immer*, wenn der andere uns braucht.

## *Hingabe bis zum Äußersten*

Jonny Cash, der 40 Jahre lang mit seiner Frau verheiratet war, war über ihren Tod so sehr bekümmert, dass er kurz darauf ebenfalls starb. Das Ende seiner großen Liebe hatte sein Herz gebrochen. (So war es in dem ansonsten nüchternen Bericht unserer Tageszeitung zu lesen.) Und obwohl sein Sterben gewiss nicht sanft gewesen war, werden ihn viele darum beneiden. Auch ohne eine groß angelegte Befragung ist sicher: Die meisten Menschen würden lieber aus Liebe sterben, als in der Ungewissheit weiterleben, ob sie jemals wieder lieben und geliebt werden können.

Ende des 19. Jahrhunderts verliebte sich ein junges Mädchen, Florence Martus, in einen Seemann. Vor dem Beginn seiner Seereise versprach sie, auf seine Wiederkehr zu warten, und winkte von da an jedem in die Hafeneinfahrt einlaufendem Schiff – am Tag mit einem

Tuch und in der Nacht mit einer Laterne. Bis sie 44 Jahre später starb. Ihr Geliebter kehrte nie wieder zurück.

Die Einwohner ihres Ortes lachten sie nicht etwa aus, sondern setzten ihr ein Denkmal. Die Liebe war verloren, aber Florence wurde nicht bedauert, weil sie zu einer außergewöhnlichen Liebe fähig gewesen war.

Es ist paradox und verwirrend: Wir fürchten uns vor Enttäuschungen, Demütigungen und anderen seelischen Katastrophen und betrachten sie als existenzielle Bedrohung. Aber trotzdem wollen wir nicht auf die Erfahrung verzichten, einem Menschen ganz zu vertrauen. Doch Hingabe ist nur möglich, wenn wir unsere Sicherheitszone verlassen und etwas Unvernünftiges (weil Unberechenbares) tun. Wenn wir Hingabe wollen, ohne für ein Wagnis offen zu sein, ist das so, als ob wir Sex haben möchten, ohne uns vorher auszuziehen. Wir können nicht vom anderen Treue erwarten, ohne uns vorbehaltlos für ihn entschieden zu haben. Halten Sie sich nicht die Tür offen, wenn Sie in Ihrer Freundschaft oder Partnerschaft ein Zuhause finden möchten!

### *Ein Mensch kann uns keinen hundertprozentigen Lebenssinn geben*

Trotz aller Geborgenheit, die uns ein anderer Mensch geben kann: Er wird niemals in der Lage sein, unser Leben auszufüllen.

Vor vielen Jahren lernte ich ein Ehepaar kennen, dessen 17-jähriger Sohn gerade total verliebt war. Er schwärmte so von seiner Freundin, dass es mich einerseits faszinierte und andererseits beunruhigte. Irgendetwas schien darauf hinzuweisen, dass er einfach zu viel von dieser Beziehung verlangte. Ich habe ihn nie wieder gesehen. Begegnet bin ich aber nach einigen Jahren seiner damaligen Freundin – die inzwischen einen anderen

Mann hatte. Dieses Beispiel soll nicht die Euphorie frisch Verliebter bremsen, sondern daran erinnern, dass ein anderer Mensch nicht (für alle Zeit) zum Mittelpunkt der Welt erklärt werden kann.

Der andere sowie die Beziehung werden maßlos überfordert, wenn mein Gegenüber meinem Leben erst Sinn geben muss. Nach psychologischen Erkenntnissen sind Menschen, die alle Aufmerksamkeit einem einzigen Bereich ihres Lebens widmen, anfälliger für psychische Probleme als diejenigen, die ganz unterschiedlichen Lebensbereichen eine tragende Bedeutung beimessen. Setzen wir alles auf eine Karte und verlieren dabei, gerät unser ganzes Gebäude der Sinnfindung ins Wanken.

Wenn eine Freundschaft, eine Partnerschaft oder die Familie unser einziger Lebensinhalt ist, kann sich eine ungesunde Abhängigkeit entwickeln – ähnlich wie bei einem Workoholic, dessen einziger Lebenssinn nur noch in seiner Arbeit besteht. Natürlich ist es nichts Ungewöhnliches, wenn uns in bestimmten Phasen eine Beziehung ganz in Anspruch nimmt. Doch dieser Zustand sollte nicht ewig dauern. Kein Mensch, keine Aufgabe und keine Sache dürfen zu unserem Gott werden.

## B. Wie unsere Sehnsucht nach Hingabe sich stillen lässt

### *Eine gute Entscheidung treffen*

#### Verlieren Sie Ihren Nächsten nicht aus dem Blick

Wem oder was ist Ihre ganze Leidenschaft gewidmet? Wenn Sie wissen, welcher Sache oder welcher Person Ihre Hingabe gilt, dann haben Sie etwas gefunden, das Sie mehr lieben können als sich selbst. Und das nicht etwa, weil Sie süchtig danach wären, sondern weil Sie sich frei entschieden haben, sich dafür einzusetzen.

Ich hörte mal von einer Frau, die durch einen Hamster, den sie für 1,50 Euro in der Zoohandlung gekauft hatte, davon abgehalten wurde, Selbstmord zu begehen. Zum Überleben kann ein Nagetier reichen. Zu einem erfüllten Leben jedoch nicht.

Wir sollten sehr genau überlegen, für welche Menschen, Dinge und Ideen wir unser Leben einsetzen wollen. Wenn beispielsweise die Idee, der wir uns hingeben, allzu armselig ist, dann werden wir uns auch so vorkommen. Weil wir erschaffen wurden, um mit anderen in einer Beziehung zu leben, sollte unsere Hingabe auch niemals auf Kosten anderer gehen.

Wir sind arm dran, wenn wir unsere Mitmenschen kaum beachten, weil wir sie für unwichtig halten. Wenn wir das tun, machen wir uns selbst im wahrsten Sinne des Wortes zum „Idioten“ (das griechische Wort für „Idiot“ bezog sich ursprünglich auf jemanden, der so selbstbezogen ist, dass er an anderen Menschen und an der Gesellschaft überhaupt nicht interessiert ist).

Versuchen Sie, die Menschen in Ihrem Umfeld nicht aus den Augen zu verlieren. Dann können Sie Hingabe üben, ohne dass sich alles um Sie selbst drehen muss.

Bevor Tamara mit drei Jahren in eine Pflegefamilie kam, wurde sie von ihren leiblichen Eltern sehr vernachlässigt. Die Mutter litt unter Depressionen und der Vater kümmerte sich auch nicht um sie. Kinder, die in ihren ersten Lebensjahren kaum Zuwendung erfahren haben, beschließen meist, sich nur noch um sich selbst zu kümmern, weil sie von anderen nichts mehr erwarten. Niemand hat ihnen beigebracht, wie man Beziehungen zu anderen Menschen aufbaut.

Ich lernte Tamara kennen, als sie ein Teenager war. Mir fiel bald auf, dass es ihr nicht gelang, engere Freundschaften aufzubauen. Ihr war es völlig unmöglich, sich in einen anderen Menschen hineinzuversetzen. Sie konnte nicht nachvollziehen, welche Reaktionen ihre Verhaltensweisen bei ihrem Gegenüber auslösen konnten.

Tamara war, wenn ich das so sagen darf, durch ihre Selbstbezogenheit „seelisch erblindet". Beziehungsunfähigkeit halte ich für das schlimmste Handicap, unter dem ein Mensch leiden kann.

### Lassen Sie sich von Gott beschenken!

Wenn ein Bungee-Seil nicht hundertprozentig in Ordnung ist, wird der Aufprall tödlich sein. Aber nicht nur bei dieser Extremsportart, sondern auch in puncto Hingabe brauchen Sie Sicherheit, damit Sie nicht abstürzen. Wer eine bestimmte Herausforderung annimmt, setzt in aller Regel auf seine Fähigkeiten. Aber oft braucht er auch Unterstützung. Wenn Sie sich in das Abenteuer „Hingabe" stürzen, dann brauchen Sie einen allmächtigen und liebevollen Vater, den Sie jederzeit anrufen können. Dieser Vater ist ein Experte in Sachen „Hingabe". Im Gleichnis vom verlorenen Sohn (vgl. Lukas 15) wird Gott als jemand beschrieben, der sich ganz für seine Kinder hingibt. Lassen Sie sich diese Geschichte einmal auf der Zunge zergehen:

Da verstößt ein Vater gegen alle gesellschaftlichen Regeln. Er halbiert mir nichts, dir nichts sein Vermögen und lässt zu, dass es verschleudert wird. Er macht sich lächerlich und untergräbt seine Autorität. Er weiß, dass es schief gehen wird, und lässt seinen Sohn dennoch ziehen. Er riskiert, für immer zu verlieren, was ihm (hoffentlich neben seiner hier nicht erwähnten Frau) am wichtigsten ist: seine beiden Söhne. Er möchte nichts zurückhalten und stellt alles zur Verfügung.

Während der eine Sohn die Hälfte des väterlichen Vermögens auf den Kopf haut, ist der andere ganz damit beschäftigt, sich für etwas Besseres zu halten. Er ärgert sich darüber, dass er brav zu Hause geblieben und zu einer „Gehorsamsmaschine" mutiert ist. Jetzt verhält er sich wie ein mürrischer Knecht, der drauf und dran ist, die Gewerkschaft anzurufen. Er hält den Vater für jemanden, der ihm sowieso nichts gönnt und den er deshalb auch gar nicht erst zu fragen braucht.

Doch der Vater sagt ihm: „Alles, was mein ist, ist auch dein." Wenn das keine Liebeserklärung ist!

Sind Sie bereit für das, was Gott Ihnen hier sagen will? „Dir steht alles zur Verfügung. Ich halte nichts zurück. Dir gehört vor allem mein ungeteiltes Herz." Wir können diesen Worten manchmal einfach keinen Glauben schenken – besonders dann, wenn auf der Liste unserer Wünsche noch so viele Punkte nicht „abgehakt" sind.

Machen Sie sich bewusst: Gott hält mehr für uns bereit, als wir überhaupt ergreifen können. Er möchte, dass wir einfach mal zur Ruhe kommen. Doch oft sind wir durch unsere Ängste blockiert: durch die Angst, nicht zu genügen, und die Sorge, etwas zu verpassen. Deshalb fällt es uns so schwer, uns von Gott führen zu lassen.

Halten wir fest: Gott hat uns vorgelebt, wie man Hingabe übt. Nehmen Sie sich Ihren himmlischen Vater zum Vorbild, und versuchen Sie einmal, Ihre eigene Bedürftigkeit zu vergessen! Seien Sie barmherziger mit sich selbst. Und lernen Sie dabei von Gott, der mit Ihnen niemals die Geduld verliert.

### Üben Sie Hingabe im Kleinen wie im Großen

Es gibt bestimmte Situationen, die Menschen auf besondere Weise veranlassen, Hingabe zu üben. Als die große „Jahrhundertflut" im August 2002 immensen Schaden anrichtete, setzte ein wahrer Strom an Hilfsbereitschaft ein. Viele Menschen erkannten angesichts der prekären Lage, dass jetzt ihre Hilfe gefragt war. Sie fanden ihre Erfüllung darin, sich nützlich zu machen.

Aber auch in Ihrem Alltag gibt es viele Möglichkeiten, sich für andere Menschen einzusetzen. Wo braucht jemand vielleicht Ihre Hilfe oder Zuwendung? Achten Sie in der nächsten Zeit einmal auf solche Gelegenheiten!

### Geben Sie Ihr Bestes!

In dem Film „Es begann im September“ wird ein Herzchirurg dafür gelobt, mit wie viel Einsatz und Hingabe er seinen Beruf ausübt. Seine Antwort: „Wie die meisten Menschen tue ich mein Bestes. Das ist alles.“

Aber wenig ist das nicht. Wenn wir bei den Dingen, die uns wichtig sind, stets unser Bestes tun, müssen wir uns nicht darum sorgen, ob unsere Bemühungen auch ausreichen.

Überall gibt es Menschen, die sich ganz in eine bestimmte Aufgabe hineingeben: Da ist der Mediziner, dem das Leben der ihm anvertrauten Menschen wichtiger ist als die persönliche Stressbewältigung. Oder die Einsatzkräfte, die für die Rettung eines Menschen das eigene Leben riskieren.

Doch so banal uns unser Alltag auch erscheinen mag, im Grunde geht es immer ums Ganze: dem Leben einen Sinn, ein Ziel zu geben. Schauen Sie sich nach Möglichkeiten um, wie Sie Ihrem Leben Bedeutung geben können! Wenn Sie den Menschen und Ihre Möglichkeiten im Blick haben, dann gelingt echte Hingabe.

### Wir sehnen uns danach, am richtigen Platz zu sein

Manchmal, wenn ich auf meinem Lebensweg gerade über einen steilen, mühsamen Berg klettern musste, dachte ich: *Es muss doch auch Tätigkeiten geben, die einfacher zu bewältigen sind.* Um nur ein Beispiel zu nennen: Mit fünf Pflegekindern zu leben stellte unsere Familie vor so manche Herausforderung. Wenn ich gelegentlich nachts wach liege, weil mich irgendein ungelöstes Problem beschäftigt, ist mir schon öfters die Frage gekommen, warum ich mein Leben eigentlich nicht bequemer gestalte.

Aber alle Bedenken und Unsicherheiten, die manchmal in mir hochsteigen, können nicht wirklich Wurzeln schlagen. Ich weiß, was das größte Glück auf Erden ist: die Gewissheit, am richtigen Platz zu sein.

### Gehen Sie für den anderen eine Extrameile

Stellen Sie sich vor, Sie haben einiges in der Stadt zu erledigen. Sie gehen vielleicht zum Friseur, in den Supermarkt, in ein Schreibwarengeschäft ... Dabei begegnen Sie verschiedenen Menschen, die für Sie arbeiten. Da fällt Ihnen auf: *Hoppla, da ist ja jemand, der nicht einfach nur seine Arbeit erledigt, sondern mir Zeit widmet.* Sie spüren, dass die Freundlichkeit nicht aus der Konserve kommt. Sie fühlen sich persönlich wahrgenommen, und das tut Ihnen gut. Wir spüren genau, ob uns jemand mit Hingabe dient oder nur irgendeine lästige Aufgabe hinter sich bringen will.

Sobald wir den noch so unscheinbarsten Dienst mit Liebe und Hingabe tun, ist das, als ob wir – wie in „Die Chroniken von Narnia“ – durch einen Wandschrank gehen. Dann eröffnet sich uns eine völlig neue Welt.

Jesus ermutigt uns in der Bergpredigt, mit unserem Nächsten eine Extrameile zu gehen, auch wenn dieser uns bittet, dass wir ihn nur eine Meile weit begleiten (vgl. Matthäus 5,41). Wenn wir in unserer Hingabe an andere freiwillig noch etwas drauflegen, bekommt unser Dienst eine ganz neue Bedeutung.

## Machen Sie sich bewusst, welchen Gewinn Ihre Hingabe hat

Was haben Sie gedacht, als Sie das letzte Mal von einem anderen „einfach so“ etwas geschenkt bekamen oder Ihnen jemand einen Gefallen getan hat? Haben Sie überlegt, wie Sie sich revanchieren können? Ihr Gegenüber hat mit Sicherheit nicht auf Ihr Gegengeschenk gewartet, sondern wollte Ihnen einfach nur eine Freude machen – ohne auf eine Gegenleistung aus zu sein. Wir sehnen uns danach, wie Kinder ohne Berechnung zu geben und zu empfangen. Wir wünschen uns, dass wir verschwenderische Freude und Selbstvergessenheit erleben.

Wenn wir es wagen, uns einem anderen Menschen ganz hinzugeben, obwohl uns bewusst ist, dass wir an den sensibelsten Stellen unserer Seele enttäuscht oder gar verletzt werden könnten, dann werden wir diese tiefe Freude erleben.

Das ist ein großes Geschenk. Denn im Grunde haben wir es in unseren engeren Beziehungen satt, ständig Leistung und Gegenleistung miteinander zu verrechnen. Wir wollen nicht immer zwischen „mein“ und „dein“ unterscheiden. Wir sehnen uns danach, uns nicht immerzu verschließen oder anderweitig schützen zu müssen. Wir wünschen uns, dass es statt einem „Oben“ und „Unten“ ein Nebeneinander gibt. Kurz: Wir sehnen uns danach, glücklich zu sein. In jeder Beziehung.

Jede Hingabe braucht Vertrauen. Vertrauen ist dort vorhanden, wo wir uns sicher sein können, dass uns nichts genommen wird, was wir nicht bereit sind zu geben.

Wenn wir uns für den anderen einsetzen, ohne Angst zu haben, ob das, was wir zu geben haben, viel oder wenig ist, dann müssen wir nicht mehr darum besorgt sein, auch genug zurückzubekommen.

Es ist paradox, aber Tatsache: Gerade in der Hingabe

– dadurch, dass wir uns selbst aufgeben – finden wir uns selbst. Dieses Geheimnis lässt sich nicht erklären, sondern nur erleben.

## C. Hingabe und die sexuelle Seite unseres Seins

Paulus schreibt: „Ich ermahne euch nun, liebe Brüder [und Schwestern], durch die Barmherzigkeit Gottes, dass ihr eure Leiber hingebt als ein Opfer, das lebendig, heilig und Gott wohlgefällig ist. Das sei euer vernünftiger Gottesdienst“ (Römer 12,1; Ergänzung durch den Autoren). Eine Form der Hingabe (aber keinesfalls die wichtigste!) ist die Sexualität. Das bedeutet, dass die sexuelle Begegnung zweier Menschen nach biblischem Verständnis auch eine Form des Gottesdienstes ist.

Aber der Vers aus Römer 12 ist keinesfalls nur an Verheiratete gerichtet. Paulus meint hier natürlich nicht, dass es unverzichtbar sei, seinen Körper einem anderen Menschen hinzugeben.

Wenn jemand keinen Partner hat und sexuell enthaltsam lebt, ist das auch eine Form der Hingabe. Sie mögen sich vielleicht darüber wundern, und es erscheint Ihnen möglicherweise auch nicht sehr verlockend, aber weniger Tiefgang hat ein Leben als Single in keinem Fall. Wenn Sie ohne Partner Ihre Frau oder Ihren Mann stehen, ohne sich vom Leben betrogen zu fühlen, ist das etwas sehr Hingebungsvolles. Wenn Sie nicht ständig auf das starren müssen, was Ihnen verwehrt ist, beten Sie damit Gott ebenso an wie Verheiratete durch die Sexualität.

Egal, ob Sie verheiratet sind oder nicht: Sie haben eine Berufung! Ehepartner sind dazu berufen, sich einander hinzugeben. Singles haben mehr Möglichkeiten,

Leidenschaft für ihren Beruf, ehrenamtliche Tätigkeiten und Freizeitaktivitäten zu entwickeln. Wie kann Hingabe in Ihrer Lebenssituation aussehen?

## Für Singles

*Entdecken Sie Ihre Möglichkeiten der Hingabe!*

Mein Freund Bernd ist Single. Aber leidenschaftlos ist sein Leben deshalb noch lange nicht. Als Schreiner war er vor zwei Jahren drei Monate lang in Bolivien, wo er sich beim Bau von Gemeindehäusern engagiert hat. Und voriges Jahr hat er neun Monate in einem Krankenhaus in Uganda mitgeholfen. Dabei habe er sich, so erzählte er mir, sehr glücklich und Gott sehr nahe gefühlt. Neulich, als wir zusammen in einer Studentenkneipe saßen, sagte er, es gehe ihm gut. Bernd mag seine Arbeit und ist gern mit seinen Freunden zusammen.

Als seine jüngste Schwester vor drei Wochen heiratete, konnte er sich sehr mit ihr freuen. Aber als er nach der Hochzeit wieder nach Hause fuhr, überkam ihn doch die Sehnsucht nach einer Partnerin. Ja, er hatte schon viel darüber nachgedacht, warum seine jetzige Situation so und nicht anders war. Und gelegentlich war er auch traurig darüber, dass sich sein Traum von einer Partnerin und einer Familie (bis jetzt) nicht erfüllt hat.

Bernd erinnerte sich wieder an die Zeiten, in denen es für ihn nicht leicht war, mit dem eigenen Sexualtrieb zurechtzukommen. In Afrika war das kaum ein Problem: Auch die vielen spärlich bekleideten Frauen ließen den Gedanken an Sex nicht aufkommen. Aber hier in Deutschland war das anders.

Neulich wurde er auf eine Aussage von Dietrich Bonhoeffer aufmerksam, der einmal meinte, dass die Quintessenz der Keuschheit nicht die Unterdrückung der Lust sei, sondern die völlige Ausrichtung unseres Lebens auf ein bestimmtes Ziel.

Diese Ausrichtung hatte Bernd immer wieder gefunden. Wenn er seine zahlreichen Interessen betrachtete, fiel es ihm ein bisschen leichter, seine Lebenssituation dankbar anzunehmen.

Als mein Freund so von seinem Leben erzählte, sagte ich ihm: „Ich bewundere dich dafür, wie du gerade als Mann deinen Platz im Leben ausfüllst." Und ich sagte ihm auch, dass ich nichts an seiner Lebenssituation komisch oder unvollständig fand.

Ein wenig später kamen wir darauf zu sprechen, dass man nicht alles im Leben haben kann. Schon gar nicht gleichzeitig. Ich konnte ihm erzählen, was ich bisher alles gerne in mein begrenztes Leben packen wollte und immer noch möchte. Und dass ich jetzt – am Anfang der zweiten Lebenshälfte – allmählich begriffen habe, dass ich nicht alles davon erreichen kann und muss.

Ich sprach auch darüber, wie lange wir darum getrauert hatten, keine eigenen Kinder bekommen zu können. Ich wollte Bernd damit nicht sagen, dass jeder Verzicht, den uns das Leben auferlegt, gleich schwer ist. Ja, auch als Verheirateter kann ich mir gut vorstellen, dass der Verzicht auf Partnerschaft eine besonders schwierige Herausforderung ist. Doch welcher Verzicht groß und welcher klein ist – das lässt sich objektiv nicht feststellen.

„Jeder trägt sein Päckchen", weiß der Volksmund. Und es ist sicherlich eine kluge Entscheidung, sich davon zu verabschieden, sein Leben mit dem der anderen zu vergleichen. Nur eines steht dabei wirklich fest: Niemand kann alles haben. Dafür reichen die Zeit und die

Kraft nicht. Und die Hingabe, zu der wir fähig sind, vielleicht auch nicht.

Bernd hatte schon wieder neue Pläne. Als er davon erzählte, wieder eine Zeit lang ins Ausland zu gehen, glänzten seine Augen. Eine solche Möglichkeit lässt sich natürlich für einen Single viel leichter umsetzen als für einen Verheirateten.

Es war schon spät, als wir auf unsere Freundschaften zu sprechen kamen. Ich erzählte von meiner Ehe und sagte, dass meine Frau für mich auch eine gute Freundin ist.

Wenn man einander vertrauen kann, ist das etwas Wunderbares – in jeder Form von Beziehung. Vertrauen schafft Erfüllung inmitten einer auf Absicherung fixierten Welt. Ich dachte nach diesem Gespräch mit meinem Freund noch lange darüber nach, wie viel Vertrauen er mir entgegengebracht hatte.

## Für Verheiratete

### *Hingabe in der Ehe*

Zur Hingabe in der Ehe gehört auch das Einswerden in der Sexualität. Beim Sex werden die Grenzen zwischen zwei Körpern fließend. Wer der Nehmende, wer der Gebende ist – diese Fragen werden nicht mehr so wichtig, obwohl es auch immer wieder Probleme damit geben kann.

Oliver und Maria haben schon zu Beginn ihrer Ehe gemerkt, wie weit ihre sexuellen Bedürfnisse auseinander liegen. Während Oliver beinahe jeden Tag mit Maria schlafen wollte, hatte sie kaum Freude daran, weil sie einfach nicht zum Höhepunkt kam.

Maria hatte für sich herausgefunden, dass Sexualität für sie keine so wichtige Sache war. Doch sie war bereit, sich in den meisten Wochen zweimal darauf einzulassen, und versuchte, auf Oliver einzugehen, so gut sie konnte. Aber Oliver fühlte sich dabei nicht wohl. Er zweifelte an seiner Männlichkeit und an seiner sexuellen Fitness, weil er seiner Frau kein sexuelles Vergnügen bereiten konnte. Auf Dauer war es ihm unangenehm, ihr etwas schuldig zu bleiben, weil sie es ja nur ihm zuliebe tat. Manchmal fühlte er sich sogar schuldig, weil er überhaupt Erwartungen mit dem Sex verband. Maria merkte, dass Oliver unter Druck stand, und fühlte sich schlecht. Und Oliver fühlte sich zusätzlich schlecht, weil sich Maria schlecht fühlte ... Beide gerieten in eine Abwärtsspirale aus negativen Gedanken und Gefühlen.

Als Oliver das Buch „Die fünf Sprachen der Liebe" von Gary Chapman las, entdeckte er, dass er und seine Frau nicht in allen Bereichen ihrer Beziehung den gleichen Genuss erleben mussten. Oliver fühlte sich geliebt, wenn er von seiner Frau Respekt und Anerkennung erfuhr und mit ihr Sex haben konnte. Maria dagegen erlebte Liebe, wenn er sich ganz für sie Zeit nahm und ihr half, den Haushalt zu bewältigen. Oliver fand heraus, dass er seiner Frau auch mit einem kleinen Blumenstrauß (ohne besonderen Anlass) eine Freude machen konnte.

Eines Abends tauschten sich Oliver und Maria bei Kerzenschein über ihre jeweilige „Liebessprache" aus und darüber, wie sie künftig dem anderen Liebe zeigen wollten. Sie entdeckten dabei eine ganze Palette von Möglichkeiten. In der folgenden Zeit konzentrierten sie sich verstärkt darauf, den anderen in seiner eigenen „Sprache" zu lieben.

Und bald stellte sich zwischen ihnen eine größere Sicherheit ein: Sie mussten sich nun nicht mehr unter

Druck setzen, weil sie etwas empfingen, das sie dem anderen in dieser Form nicht geben konnten. Und sie wurden bereit, ohne jede Berechnung zu geben, wonach sich der andere sehnte. Auch beim Sex verflüchtigte sich das schlechte Gewissen nach und nach.

## Fazit

Wenn wir ein Leben der Hingabe führen, wird sich unser Leben in vielerlei Hinsicht entspannen, weil wir uns nicht mehr als Nabel der Welt betrachten müssen, sondern lernen, von uns selbst wegzusehen.

Paulus war ein Meister in Sachen Hingabe. Als er im Gefängnis saß, stand ganz oben auf seiner Gebetsliste nicht etwa der Wunsch, Gott möge ihn dort herausholen. Nein, vielmehr betete er für die Menschen in der Gemeinde (vgl. Epheser 3,14 ff.). Er war – so unglaublich es auch klingen mag – so von seinen eigenen Bedürfnissen befreit, dass ihm seine eigene schwierige Situation nicht mehr so wichtig war.

Wenn ich so etwas lese, merke ich schnell, dass ich noch weit von diesem Ziel entfernt bin – der selbstlosen Hingabe an andere. Aber meine eigene Begrenztheit und Unvollkommenheit machen dieses Ziel deshalb nicht weniger wertvoll. Oft fehlt uns nur ein kleiner Anstoß, damit wir mitten in unserem Alltag mehr Hingabe wagen.

### Impulse zum Nachdenken

- „Ich möchte mich nicht um mich selbst drehen, sondern mich in Beziehungen und Aufgaben einer größeren Sache widmen."
- „Ich bin gespannt, was Gott mir noch alles vor die Füße legen wird, an dem ich Hingabe lernen kann. Und ich werde mich herausfordern lassen, die „Extrameile" zu gehen und mein Bestes zu geben – ohne ständig Angst zu haben, zu kurz zu kommen."

# 6. Die Sehnsucht nach Zufriedenheit und Gelassenheit

Drei Männer, die beruflich sehr eingespannt sind, sitzen in der Sauna. Der eine legt die Hand ans Ohr und imitiert eine telefonische Verabredung mit einem Geschäftspartner. Der zweite will das Szenario noch überbieten. Er legt einfach nur eine Schulter ans Ohr und tut so, als ob er – ebenfalls per Telefon – einen Vertrag abschließt. Der Dritte denkt sich: *Nun, dann muss ich mir jetzt etwas Besonderes einfallen lassen.* Er hält sich den Bauch, als ob er Verdauungsprobleme hätte, und sagt zu den anderen beiden: „Ich glaub, ich krieg ein Fax!"

Sie schmunzeln? Natürlich ist dies eine Karikatur. Aber geht es uns nicht manchmal auch so, dass wir gerade dann, wenn wir unsere Arbeit aus der Hand legen, an unsere Verpflichtungen und Aufgaben denken müssen und das Sorgenkarussell mit uns noch ein paar Extrarunden dreht? Wir sehnen uns nach Entspannung und wissen doch oft nicht, wie wir all der Anspannung entkommen können.

## A. Das Bedürfnis, zur Ruhe zu kommen

Dass wir im Beruf und bei vielen anderen Verpflichtungen Leistungsvorgaben erfüllen müssen, sehen wir ja ein. Aber oft setzt sich der Zeit- und Erfolgsdruck auch in unserer Freizeit fort. Auch im sexuellen Bereich schleicht sich leicht Leistungsdruck ein – und das, obwohl sich viele denken: *Sex ist eine großartige Möglichkeit zu entspannen. Wenn nicht gerade ein Kind gezeugt werden soll, muss beim Sex ja nichts dabei herauskommen.*

Sehnen Sie sich auch nach Zeiten, in denen es völlig egal ist, was Sie zustande bringen oder vorzuweisen haben?

### *Der Druck, alles schnell erledigen zu müssen*

Unter Aufbietung aller Kräfte erreicht ein Mann mit einem gewaltigen Sprung von der Reling des Schiffes das rettende Ufer. Daraufhin sagt der Bootsmann: „Sie hätten aber auch warten können, bis wir angelegt haben."

Auf irgendetwas warten zu müssen empfinden wir oft als Zumutung. Es gelingt uns nur schwer, einen Gang zurückzuschalten.

Mark kam in meine Beratung, weil er sich immer so getrieben fühlte. Er litt sehr darunter, dass so viele Menschen unerfüllbare Erwartungen an ihn richteten. Aber es war ihm auch bewusst, dass er nicht nur von außen, sondern auch von innen angetrieben wurde – beispielsweise durch seine hohen Ansprüche an sich selbst.

Ich gab ihm eine Karte mit folgendem Satz: „Ich würde einfach mal nichts tun, wenn ich die Kraft dazu hätte."

Mark merkte, wie schwer es ihm fiel, einfach mal alles Unerledigte beiseite zu legen und nicht weiter über irgendwelche Probleme zu grübeln. Aber er war bereit, es auszuprobieren und sich zumindest einen Tag im Monat völlig von jeglichen Anforderungen und Maßstäben zu lösen. In dieser Zeit tat er, was ihm gerade in den Sinn kam, beispielsweise Inlineskates fahren ... Dabei war es ihm ganz egal, wie schnell er vorankam, wie elegant die Bewegungen aussahen oder ob ihm der Sport half, ein wenig abzunehmen. Er ließ sich einfach von dem Schwung seiner Bewegungen und der Natur um ihn herum „mitnehmen".

An einem Samstagmorgen, an dem die Bäume prächtig blühten, sagte er seiner Frau: „Dieser Vormittag ist zu wertvoll, um ihn mit irgendwelchen nützlichen Erledigungen zu vergeuden. Lass uns die nächsten Stunden auskosten und einfach tun, was uns Spaß macht!" (Die Zeit „ausgekauft", wie es in Epheser 5,16 steht, hatten sie in den letzten Wochen genug.)

In unserem Gespräch dachten Mark und ich darüber nach, wie lächerlich wir uns vermutlich vor der himmlischen Welt machen, wenn wir ständig darauf bedacht sind, Zeit zu sparen. Wir hetzen uns ab, um Zeit zu gewinnen – nur, um sie dann wieder zu verplanen. Ich musste an den kleinen Prinzen denken, dem ein Händler durststillende Pillen anbot, die den Zeitaufwand der Getränkebeschaffung und des Trinkens einsparen sollten. Die Episode endete damit, dass der kleine Prinz dankend ablehnte, denn wenn er diese gewonnene Zeit übrig hätte, so überlegte er, würde er ganz gemächlich zu einem Brunnen laufen ...

Während des Beratungsgesprächs kam Mark auch auf das Thema „Sexualität" zu sprechen. Wir beide stellten fest, dass in vielen Partnerschaften „Fast-Food-Sex" praktiziert wird – ein Sex, der zwar schnell das Hungergefühl beseitigt und in gewissen Maßen auch satt macht, aber durch den Anspruch „so schnell wie möglich" eben gerade keinen Ausgleich zum ständigen Zeitdiktat schafft. Früher nahmen sich die Menschen für vieles mehr Zeit – sicher auch für die Sexualität.

Aber auch zu neutestamentlichen Zeiten litten die Menschen wohl unter Zeitproblemen. Sonst hätte Paulus den Ehepartnern nicht geraten, in beiderlei Einverständnis für eine begrenzte Zeit auf Sex zu verzichten, um sich mehr dem Gebet widmen zu können (vgl. 1. Korinther 7,5). Nun, offensichtlich ging Paulus davon aus, dass durch Enthaltsamkeit mehr als zehn zusätzliche Minuten für das Beten zur Verfügung stehen würden ...

### *Der Druck, anderen etwas beweisen zu müssen*

Mark wurde im Laufe unserer Gespräche immer klarer, wie sehr seine Ruhelosigkeit mit seiner Angst zusammenhängt, andere könnten nicht mit ihm zufrieden sein. Auch seine Frau war ständig mit solchen Fragen beschäftigt: „Was sagen die Nachbarn und Freunde, wenn wir ...?“ Darüber regte sich Mark sehr auf, weil ihn diese Sorgen selbst so stark umtrieben.

Er ärgerte sich auch, dass er ständig unter dem Druck stand, seine Fitness – auch in der Sexualität - unter Beweis stellen zu müssen. Neulich sah er an einem Auto einen Aufkleber mit der Aufschrift „Viagra? Ich brauche ein Gegenmittel!“ Was immer der Besitzer dieses Wagens der Öffentlichkeit mitteilen wollte – der Spruch zeigt auch, dass in unserer Gesellschaft alles perfektioniert werden muss. Notfalls auf dem pharmazeutischen Weg. Der Haken an der Sache ist nur der, dass wir vor lauter Anpassung an irgendwelche Normen gar nicht mehr wissen, wer wir eigentlich sind.

Ich sagte zu Mark: „Wir machen uns viel zu viele Gedanken darüber, was die anderen über uns denken könnten. Tatsache ist, dass genau diese Menschen gar nicht genug Zeit und Aufmerksamkeit übrig haben, um uns ständig beurteilen zu können. Sie sind viel zu sehr mit ihrer eigenen Sorge beschäftigt, vor den anderen nicht dumm dazustehen. Und außerdem: Endlich mal auf die Meinung anderer zu pfeifen ist doch eigentlich ein viel größerer Genuss, als ständig auf der Jagd nach Bestätigung zu sein." Mark verspürte nun das starke Bedürfnis, sich weniger angepasst zu verhalten. Er wollte endlich einmal ein ausgefallenes Kleidungsstück tragen, wenn ihm danach war. Gelegentlich wollte er es wagen, in einer festgefahrenen Diskussion durch eine kleine Anekdote für Auflockerung zu sorgen ... Aber es ging ihm bei alledem nicht darum, irgendetwas zu beweisen, sondern darum, *seinen* Weg zu finden.

### *Der Druck, ständig Leistungsvorgaben erfüllen zu müssen*

Marks Eltern waren stolz auf ihren Sohn. Er war nicht nur beruflich erfolgreich, sondern stellte auch im privaten Bereich viel auf die Beine. Aber je erfolgreicher er geworden war, umso mehr wurde auch von ihm erwartet: Er sollte Dinge meistern, an denen andere scheiterten, auf jede knifflige Frage eine Antwort wissen und cool bleiben, wo andere durchdrehten. Mark fühlte sich manchmal wie ein Roboter, der auf Knopfdruck funktionieren musste.

Als er vor einiger Zeit in einem Supermarkt an einem Bücherständer vorbeikam, fiel ihm auf, dass unter den Ratgebern die Titel zum Thema „Sexualität" am zahlreichsten vertreten waren. Er fand es seltsam, dass dem Kunden so viel Mut zugetraut würde, auf das Förderband an der Kasse zwischen den Bananen und den Joghurtbechern ein Buch mit dem Titel wie „Sieben Schritte zum perfekten Sex" zu legen. Aber noch verwunderlicher fand er die Art und Weise, auf die solche Bücher Hilfestellungen anboten. „Was ist, wenn es mir nach den sieben Schritten doch nicht gelingt, perfekten Sex zu haben? Und wer sagt eigentlich, das ich Perfektion anstrebe?"

Ich wollte nichts gegen Ratgeber sagen, die ich nicht kannte. Ich konnte jedoch verstehen, dass Mark sich gegen den Druck und die Normen, die durch solche Bücher oft verbreitet werden, zur Wehr setzen wollte. Er sehnte sich danach, in seinem Leben – nicht nur was die Sexualität anging – seine eigenen Maßstäbe zu finden. Er wollte Dinge aus dem Bauch heraus und spontan tun, statt vorher das passende Buch dazu lesen zu müssen. Er hatte es satt, ständig zu überlegen, ob das, was er tat, richtig und gut genug war.

Haben wir den Mut, bei allem, was wir tun, wie Mark unseren eigenen Weg zu finden. Anregungen mögen hilfreich sein, sollten uns aber nicht unter Druck setzen. Das Leben ist viel spannender und stressfreier, wenn wir wissen, dass wir nicht perfekt sein müssen!

## B. Zur Ruhe kommen – wie geht das?

*Wenn ich dieses oder jenes geschafft habe, dann kann ich es mir endlich einmal leisten, mich auszuruhen!* Denken Sie das manchmal auch? Doch die Wirklichkeit sieht oft anders aus. Kein Erfolg garantiert uns, dass wir wirklich zur Ruhe kommen. Wie kann es uns nun gelingen, inmitten unseres gehetzten Lebens Entspannung zu finden?

### *Versuchen Sie nicht, die Zeit zu gewinnen, sondern zu nutzen*

Gott hat dem Menschen im Paradies zwei besondere Geschenke gemacht: die Ehe und den Sabbat. Die Ehe ist nicht für alle möglich, aber der Sabbat steht jedem Menschen zur Verfügung. Worin liegt das Geheimnis des von Gott geschenkten Ruhetages?

Es wird von Gott gesagt, dass er am siebten Tag ruhte. Das finde ich eigentlich etwas beängstigend, denn wir können nicht einen einzigen Tag darauf verzichten, dass Gott handelt. Doch was ist mit der Aussage gemeint, dass Gott ruhte?

Der hebräische Begriff für „Ruhen“ meint in diesem Zusammenhang nicht, dass Gott sich ausruhen *musste*, weil er nach der Schöpfungswoche erschöpft war. Schließlich ist seine Kraft unbegrenzt. Gemeint ist vielmehr, dass er sich mit dem bis dahin Erreichten zufrieden gab. Und er fordert uns auf, es ihm nach sechs Arbeitstagen gleichzutun. Wir könnten einwenden: „Ja, Gott hat gut reden. Er hatte ja am Abschluss der Schöpfungswoche etwas Vollkommenes vorzuweisen.“ Das können wir am Ende unserer Woche mit Sicherheit nicht sagen. Vieles ist liegen geblieben oder einfach nicht so gelaufen, wie wir es uns vorgestellt haben. Können wir es uns dann leisten, uns auszuruhen? Wie sollen wir es nur anstellen, uns an dem Geleisteten zu erfreuen?

Aber Gott lädt uns ein, *seine* Schöpfungstaten und *seine* Vollkommenheit zu feiern. Damit gibt er uns die Chance, einmal von unserer Unzulänglichkeit wegzusehen. Und schließlich: Unsere Defizite sind für Gott im Hinblick auf die Ewigkeit sowieso nur etwas Vorübergehendes. Mit dem Sabbat setzt Gott uns frei. Nichts muss an diesem Tag erledigt werden. Nichts soll irgendeinem Zweck dienen, auch nicht das Ausruhen. Die freie Zeit ist nicht in erster Linie dazu da, wieder neue Kraft zu schöpfen. Denn als Gott den siebten Tag schuf, hatten Adam und Eva noch nichts geleistet, von dem sie sich hätten ausruhen können.

Seit vielen Jahren achte ich sehr darauf, dem Ruhetag den gebührenden Platz in meinem Leben zu geben. Ich möchte mich gern darauf verlassen, dass Gott mir an diesem Tag den Rücken freihält. Wenn sich dann doch irgendwelche Befürchtungen zu Wort melden, weise ich sie zurück. Ich weiß: Um meinen Lebensunterhalt brauche ich mich heute nicht zu kümmern, denn von höchster Stelle aus ist für mich gesorgt.

*Bei Gott geht es nicht um Ehrenplätze*

Der Pharisäer Simon war ausgesprochen clever. Er hatte ein enormes gesellschaftliches Ansehen, das er anhand einer „Checkliste" noch vergrößern wollte (vgl. Lukas 7,36–50):

| | |
|---|---|
| Den Promi Jesus einladen? | Ja. ☒ |
| Dem umstrittenen Jesus mit Herzlichkeit begegnen? | Nein. ☒ |
| Jesus begutachten, ob er vielleicht doch ein Prophet ist? | Ja. ☒ |

Während Simon gerade mit Letzterem beschäftigt war, ereignete sich ein peinlicher Zwischenfall. Eine Frau kam hereingestolpert, die am unteren Ende der Beliebtheitsskala stand. Was hatte sie getan? Folgendes war passiert:

| | |
|---|---|
| Sie kam uneingeladen und hatte den Einlassdienst überrannt. | = 5 Minuspunkte |
| Sie hatte sich unschicklich verhalten, indem sie verbotenerweise in Männergesellschaft ihr Haar auflöste. | = 10 Minuspunkte |
| Sie war eine Prostituierte. | = 200 Minuspunkte. |

Doch Jesus wich ihr – im Gegensatz zu den anderen Anwesenden – nicht aus. Und dem so auf Ansehen bedachten Simon erklärte er: „Diese Frau hat etwas ganz Entscheidendes, was dir fehlt. Sie weiß, dass es eine Liebe gibt, die man sich nicht verdienen kann, für die man überhaupt nichts tun kann und die ihr doch uneingeschränkt zur Verfügung steht. Es gibt keine wichtigere Erkenntnis als diese."

Unsere äußeren Lebensumstände mögen sich sehr von den hier beschriebenen unterscheiden. Aber dass wir uns wie Simon abstrampeln, um nicht dumm dazustehen, das kennen wir auch. Und dass wir in Situationen geraten, in denen wir uns wie diese Frau blamieren, kann auch passieren. Doch wie auch immer wir gerade im Kampf um die angesehenen Ehrenplätze abschneiden – Gott wendet sich uns liebevoll zu.

Können Sie sich daran erinnern, wie Sie sich fühlten, als Sie das letzte Mal zurückgewiesen wurden? Oder wie es war, als Sie etwas getan haben, das nicht die von Ihnen erwartete Anerkennung gefunden hat? Während Sie sich noch mal kurz diese Situation bewusst machen, lassen Sie sich doch einmal auf folgenden Gedanken ein:

„Wenn ich die Aufgabe nicht wie erwartet erledigen konnte, war sie vielleicht auch gar nicht nötig. Und wenn doch, wird sie jemand anders erledigen. Zumindest muss ich nicht immer versuchen, mich durch mein Tun zu beweisen."

Wenn es uns gelingt, einmal von uns selbst wegzusehen, ist das mehr wert, als einen noch so großen Erfolg errungen zu haben. Über jeden noch so kleinen Fortschritt, die Dinge gelassener anzugehen, können wir uns von Herzen freuen.

*Sie dürfen Fehler machen!*

In dem Film „30 über Nacht“ fragt eine Frau ihre Mutter, ob diese irgendeine der von ihr gefällten Entscheidungen bereue. Ihre Antwort lautet: „Sicher sind mir viele Fehler passiert. Trotzdem bereue ich sie nicht. Denn hätte ich sie nicht gemacht, hätte ich niemals erfahren, wie es richtig geht.“

Das Streben nach Fehlerlosigkeit führt letztendlich in die Isolation. Gerade die Bedürftigkeit ist es, die uns Menschen miteinander verbindet.

Es ist ein Trugschluss zu glauben, Gott würde uns mehr lieben, wenn wir perfekter wären. Er liebt uns zu 100 Prozent. Keine unserer Taten und auch nicht unsere Unvollkommenheit können etwas an dieser Tatsache ändern. Das ist unglaublich, aber wahr!

Sollte es mir einmal auferlegt sein, den Verstand zu verlieren, wäre mir eine Sache unendlich wichtig: dass ich von Gott bedingungslos geliebt bin, soll das Letzte sein, was ich vergesse.

Worauf kommt es denn letztlich an?

Da singt ein dreijähriges Kind seiner Mutter, die davon zutiefst gerührt ist, ein Lied, obwohl das Vorgetragene alles andere als „perfekt“ ist. Dieses Beispiel zeigt: Es geht nicht um Fehlerlosigkeit, sondern darum, wie viel Liebe man in eine Sache hineinlegt.

## C. Ob mit oder ohne Sex: Inspirationen für ein entspannteres und glücklicheres Leben

### *Die Seele – das wichtigste Sexualorgan*

In vielen Lebensbereichen können wir mit den richtigen Informationen und Techniken Erstaunliches erreichen, nicht aber beim Sex. Das liegt daran, dass das mit Abstand wichtigste Sexualorgan die Seele ist. Wenn beim Sex etwas angenehm berührt oder verletzt wird, dann ist es die Seele. Warum ist beim Miteinanderschlafen die Seele so ungleich stärker beteiligt, als das bei anderen Tätigkeiten und Vorgängen der Fall ist?

Wenn ich beispielsweise Ski fahren will, treffe ich verschiedene Vorbereitungen: Ich besorge mir die entsprechende Ausrüstung, trainiere mir die erforderlichen Fähigkeiten an und fahre dann in eine schneesichere Gegend. Jetzt ist der Zeitpunkt gekommen, an dem ich die Piste hinunterwedeln kann. Und die körperliche Erfahrung, die ich dabei mache, bewirkt meist auch etwas in meiner Seele: Es breitet sich ein Gefühl von Weite, Beschwingtheit und Freude aus.

Bei der Sexualität – so wie sie vom Schöpfer erdacht wurde – ist es genau andersherum: Es sind keine Vorbereitungen technischer Art nötig, dafür aber umso mehr bestimmte Vorgänge, die sich in der Seele vollziehen: Wir fühlen uns zu einem Menschen hingezogen, vertrauen einander, treffen eine Entscheidung füreinander. Wenn dieses Fundament gelegt ist, kann die körperliche Erfahrung – das Einswerden – die vorher vollzogene seelische Hinwendung unterstreichen.

Sex ist also kein Sport – wie etwa Gymnastik oder Tennisspielen. Manche Menschen ignorieren einfach, was für eine große Rolle die Seele bei der Sexualität spielt. Sie geben ihren Körper hin und halten ihr Herz zurück. Dabei ist ihnen nicht bewusst, dass sie sich damit selbst verletzen.

### *Leben im „Flow"*

Psychologen, die das Glücklichsein erforschen (die so genannten Happyologen), bezeichnen eine beglückende Erfahrung mit dem Begriff „flow" (engl.: „dahinfließen"). Ein Flow entsteht immer dann, wenn wir so intensiv in einer Tätigkeit aufgehen, dass wir die Zeit und alles andere um uns herum völlig vergessen. Wir fühlen uns glücklich, wenn uns eine Aufgabe begeistert, wir uns kompetent fühlen, genug Unterstützung erfahren und das Ziel ohne Schwierigkeiten erreichen.

Kinder machen sehr oft solche Flow-Erfahrungen – etwa, wenn sie ganz in ein Spiel vertieft sind. Sie überlegen dabei nicht, ob sie jetzt eigentlich etwas anderes tun müssten; sie machen sich keine Sorgen darüber, wie erfolgreich sie sein werden, und denken auch nicht daran, was danach noch alles erledigt werden muss ...

Uns Erwachsenen fällt es oft viel schwerer, spielerisch an eine Aufgabe heranzugehen. Wenn wir durch einen Flow für einen Moment die Zeit vergessen und uns aller Hektik entziehen können, erleben wir einen Vorgeschmack auf die Ewigkeit. Im Himmel werden wir einmal ganz im Flow leben und damit in dem, was wir erleben und tun, vollständig aufgehen.

Auch Sexualität kann zu einem Flow-Erlebnis werden – sofern es gelingt, alle Leistungsansprüche loszulassen. Wenn jedoch Sexualität allein das Bedürfnis nach solchen Glücksmomenten stillen muss, führt das unweigerlich zu Enttäuschungen. Überzogene Erwartungen verhindern, dass man sich dem anderen völlig unbeschwert hingeben kann. Im Übrigen weisen die Happyologen darauf hin, dass ein glückliches Leben nicht von solchen (zugegebenermaßen recht seltenen) Flow-Momenten abhängt. Kleine, dafür aber häufige Glückserfahrungen sind für ein glückliches Leben wesentlich ausschlaggebender.

### *Der große „Flow"-Killer: die Angst, etwas zu verpassen*

Bei Teenagern ist bekanntlich die Angst, etwas zu verpassen, noch sehr groß. Glücklicherweise nimmt diese Nervosität im Laufe des Lebens ab. Allerdings vollzieht sich der Prozess hin zu mehr Gelassenheit – unberechtigterweise – nicht gerade zügig. Schade, denn die Angst, etwas zu verpassen, ist ein wirklich schlechter und irreführender Ratgeber.

Ich war etwa 16 Jahre alt, als ich auf folgende Gedichtzeilen stieß: „Und dass die Nächte länger sind, hat nur Reiz bis 30."

„Wenn das so ist und mit 30 die sexuelle Lust größtenteils verflogen sein soll (und damit ein wesentlicher Genuss des Lebens vorbei ist)", so überlegte ich, „dann muss ich mich ja beeilen." Ich habe dann aber – mit Gottes Hilfe – doch nichts überstürzt und noch acht Jahre bis zur Hochzeit mit dem Sex gewartet.

Was für eine irreführende Behauptung ist es, dass lustvoller Sex nur in jungen Jahren möglich ist! Denn immer wieder höre ich Erstaunliches über Sexualität im Alter.

In einer Seminarpause hat mir neulich Alfred, dessen 75. Geburtstag nun auch schon einige Zeit zurückliegt, von seiner jetzigen, nur wenige Jahre jüngeren Frau erzählt, mit der er erst seit vorigem Jahr verheiratet ist. Er vertraute mir an, dass er nun noch einmal das Gefühl des Verliebtseins erlebe und dass der Sex mit ihr so schön und beglückend sei wie niemals zuvor in seinem Leben.

Was ist wohl der Grund dafür? Das Gefühl, noch einmal ganz jung zu sein? Sind es irgendwelche Vorzüge der Partnerin? Keineswegs. Vielmehr kann sich jetzt Reife entfalten, sodass keine Normen mehr irgendwelchen Druck erzeugen können. Alfred weiß, dass er nichts zu fordern braucht und sich deshalb in der sexuellen Begegnung ganz fallen lassen kann.

Können Sie sich vorstellen, dass sich etwas in einer Ihrer späteren Lebensphasen ereignet, mit dem Sie gar nicht mehr gerechnet haben? Dann schauen Sie sich einmal die Geschichte von der Hochzeit in Kana an, auf der Jesus für einige Überraschung sorgte: Als alle nur noch mit dem Wein der schlechtesten Qualität rechneten, wurde unvermutet der edelste Tropfen ausgeschenkt (vgl. Johannes 2,1–10). Ich weiß nicht, für welchen Ihrer Lebensbereiche Gott eine solche Erfahrung bereithält. Ich kann und will Ihnen nichts versprechen. Aber womöglich spricht mehr, als Sie denken, dafür, dass – auch was Sexualität betrifft – das Schönste noch vor Ihnen liegt.

Gott hält in unserem Leben immer wieder Überraschungen bereit.

Wir sollten uns nicht einreden lassen, dass die Zeit gegen uns läuft.

Paulus schreibt: „Darum werden wir nicht müde; sondern wenn auch unser äußerer Mensch verfällt, so wird doch der innere von Tag zu Tag erneuert" (2. Korinther 4,16).

Ja, die Vergänglichkeit der jugendlichen Frische ist uns sehr bewusst. Wir sollten jedoch nicht übersehen, dass es in unserem Inneren etwas gibt, das nicht „verfällt". Gott erneuert uns. Wir erlangen durch unsere Lebenserfahrungen eine Reife, die Ungeahntes möglich machen kann.

Wie wir uns bewegen, wird mit 65 (etwas) anders

aussehen als mit 20. Aber was spielt das schon für eine Rolle!

### *Sexualität ohne Probleme ist eine Illusion*

In welchen Schwierigkeiten auch immer Sie sich befinden – denken Sie niemals, die anderen hätten nicht (irgendwann) auch welche. Wir lassen uns schnell täuschen.

Wenn zwei Menschen unterschiedlichen Geschlechts aufeinander treffen, wird diese Begegnung – auch was die sexuelle Seite angeht – trotz aller Bereicherung nie ganz ohne Reibungspunkte verlaufen. Denn es gibt kaum einen Menschen, den die Begegnung mit dem anderen Geschlecht nicht in irgendeiner Art verunsichert. Wir verstehen uns ja nicht einmal selbst. Wie soll es uns dann möglich sein, unser Gegenüber, das so ganz anders ist als wir, zu begreifen? Wir schaffen es zwar immer wieder, uns auf ein gemeinsames Ziel zu einigen, die Art und Weise, wie der andere sich darauf zu bewegt, bleibt uns aber meist fremd und rätselhaft. Deshalb ist es gar nicht so erstaunlich, dass gerade der Sex mit der Sorge verknüpft sein kann, bestimmten Erwartungen (auch an sich selbst) nicht gerecht zu werden.

Thomas und Jacqueline waren 22 beziehungsweise 18, als sie heirateten. Thomas war bereits mit einigen anderen Mädchen intim gewesen. Er brauchte ungefähr ein Jahr, bis er seine Frau ganz so annehmen konnte, wie sie war. Für Jacqueline war Thomas der erste Mann. Auch sie erlebte es als Herausforderung, sexuell aufeinander zuzugehen, was viel Geduld erforderte. Beide hatten sich erträumt, dass Sex ein einziger Höhenflug sein würde, und mussten sich erst einmal „erden".

Es ist also in der Regel schwieriger, als man es sich vorher ausgemalt hat, auf sexueller Ebene zueinander zu finden. Stellen wir uns der Realität, auch wenn uns aus der Hollywood-Traumfabrik zuweilen etwas ganz anderes vorgeflimmert wird.

## Für Singles

*Entdecken Sie den Segen des Loslassens*

Loslassen ist unglaublich befreiend, aber in den seltensten Fällen einfach – besonders, wenn es um Fragen der Partnerschaft geht. Eine altes arabisches Sprichwort besagt: „Wenn du dir irgendetwas ganz fest wünschst, dann lass es frei. Kehrt es zu dir zurück, dann gehört es dir wirklich."

Wenn Sie sich einen Partner wünschen und große Angst haben, leer auszugehen, sollten Sie sich einmal überlegen, wie Ihr Leben verlaufen könnte, wenn Sie tatsächlich Ihr ganzes weiteres Leben als Single verbringen würden. Was ergeben sich daraus für Möglichkeiten? Wie könnten Sie die vermeintliche Einschränkung meistern und daran wachsen? Wenn Sie Ihr Leben als Single bejahen, barmherziger mit sich selbst sind und so der Angst ihre Macht nehmen, gewinnen Sie mehr Freiheit, um Ihr Leben aktiv zu gestalten.

In vielen Lebensbereichen – vor allem jedoch in unseren Beziehungen – können wir mehr Gelassenheit gebrauchen. Wenn wir krampfhaft versuchen, etwas festzuhalten, werden wir schnell merken, dass unsere Hände viel zu zittrig sind, um es ergreifen zu können. Muss ein potenzieller Partner ein Loch in Ihrem Leben stopfen, wird das auf andere nicht gerade anziehend wirken.

Prinzipiell gilt: Wer von einem anderen etwas fordert, verbaut sich die Möglichkeit, es sich schenken zu lassen. Echte Geschenke werden immer freiwillig gegeben – und diese Freiwilligkeit ist für jede tiefe Beziehung unverzichtbar.

Manchmal wird in Filmen die Formulierung „Lass uns Liebe machen" verwendet. Welch schwerwiegender Irrtum ist es, wenn wir Sex als etwas ansehen, das wir uns verschaffen können! Auch die englische Formulierung „making friends" halte ich für unpassend. Denn wenn wir uns Freunde *machen* wollen, bekommen wir dadurch sicherlich keine wirklichen Freunde.

## Für Verheiratete

### *Begegnen Sie Ihren Erwartungen entspannter*

Sex gleicht einem Spiel, bei dem nichts gewonnen werden muss und nichts verloren werden kann. Schon gar nicht geht es um Sein oder Nichtsein der Beziehung, sondern um Loslassen und Genießen. Das ist möglich, wenn beide ein uneingeschränktes Ja zueinander gefunden haben.

Egal, wie Sex in Ihrer Beziehung auch aussieht: Es ist immer problematisch, wenn man meint, irgendwelche Dinge kopieren zu müssen. Es gibt für Sex keine Normen, was Häufigkeit oder andere Faktoren betrifft. Es ist schon schwierig genug, die unterschiedlichen Bedürfnisse aufeinander abzustimmen und eine Balance im Wechselspiel von sexueller Begegnung und „Rückzug" zu finden. Was die vermeintliche Mehrheit darüber denkt, was in Bezug auf Sex angemessen ist und was nicht, führt nur in die Irre und dazu, dass wir uns schließlich unsicher sind, was wir eigentlich wollen.

In dem Film „Menschen am Fluss“ trifft sich ein Ehepaar nach langer Zeit wieder, nachdem es aus wirtschaftlichen Gründen voneinander getrennt war. Nun sind die beiden in einem Hotel, wo sie wieder Zeit füreinander haben. Aber es gelingt ihnen nicht, sexuell zueinander zu finden. „Vielleicht habe ich mich zu sehr nach dir gesehnt“, sagt der Mann. Übermäßiger Erwartungsdruck ist der Feind jedes Genusses.

Julian hat beim Sex mit seiner Frau Probleme, zum Orgasmus zu gelangen. Je größer seine Angst wird, dass es diesmal wieder nicht klappt, umso mehr verkrampft er, und es geht gar nichts mehr. In der Sexualberatung wird ihm empfohlen, es mit einer so genannten „paradoxen Intervention“ zu versuchen: Beim nächsten Mal nimmt er sich vor, dass es diesmal auf keinen Fall zum Höhepunkt kommen soll. Er konzentriert sich darauf, den Samenerguss zurückzuhalten und das durch die sexuelle Begegnung noch weiter auszudehnen. Nun kommt er mit Leichtigkeit zu einem Höhepunkt.

Immer, wenn die alte Sorge wieder in ihm aufsteigt, wendet er diese „Methode“ an und lässt sich überraschen, was passiert. Nun wird ihm auch klar, wie überflüssig es war, sich so unter Druck zu setzen. Dass er und seine Frau sich lieben, ist schon mehr als genug. Jetzt wird ihm deutlich: Wenn er nicht zum Orgasmus kommt, bedeutet das nicht etwa, dass er versagt hat.

Der sexuellen Höhepunkt ist für den Menschen gemacht, nicht umgekehrt. Dass der Mensch dazu geschaffen sei, zum Höhepunkt zu kommen, halte ich für eine völlig verrückte Ansicht.

Was folgt, wenn Sie Ihre Erwartungen losgelassen haben?

- Es ist nun nicht mehr nötig, sich etwas vorzumachen. Frauen verfügen offenbar über die Fähigkeit, ihren Männern einen Orgasmus vorzutäuschen. Aber aus welchem Grund sollten sie dies tun? Jeder kann seinem Partner zumuten, dass er ihn selbst so liebt, wie er ist. Mit allen vorhandenen und ausgebliebenen Empfindungen. Sie müssen weder sich selbst noch Ihrem Partner, noch dem restlichen Universum irgendetwas beweisen.
- Manchmal ist es erforderlich, einfühlsam über die eigenen überzogenen Erwartungen und die des anderen zu sprechen. Hinter dieser Erwartung steht ja oft die Angst, zu kurz zu kommen. Ein wirksames Gegenmittel ist die Dankbarkeit für das, was Ihnen bereits geschenkt ist. Freuen Sie sich, dass Sie einen Menschen an Ihrer Seite haben, der Ja zu Ihnen gesagt hat und versucht, auch dazu zu stehen. Sie können davon ausgehen, dass er sein Bestes gibt.
- Wenn es Ihnen zusehends gelingt, sich nicht mehr so sehr auf Sex zu fixieren, dann wird es Ihnen auch gelingen, in anderen Bereichen Ihrer Beziehung „spielerische Momente“ zu finden, in denen Sie – ohne irgendeinen Zweck zu verfolgen – Spaß miteinander haben können.

## Fazit

Wir wünschen uns von Herzen, sowohl äußerlich als auch innerlich zur Ruhe zu kommen. Das gelingt, wenn wir unsere eigene Bedürftigkeit vergessen. Wenn wir uns von unseren überzogenen Erwartungen lösen und damit den Druck reduzieren, können wir einander entspannter begegnen. Wir haben es dann nicht mehr nötig, die Lust „anzuheizen“ oder zu unterdrücken. Wenn wir statt auf irgendwelche Vorgaben von außen auf die tiefsten Wünsche unseres Herzens achten, wird die Sexualität einen guten Platz in unserem Leben bekommen – so wie es zu uns und unserer Lebenssituation passt.

### Impulse zum Nachdenken

- „Wenn ich mit Leib und Seele mit einem Menschen verschmelze, muss ich nichts mehr beweisen. Dann kann ich ganz entspannt leben und auf diese Weise zu einem guten Ausgleich zum Alltag voller Leistungsanforderungen gelangen."
- „Ich möchte versuchen, meine Lebenssituation – ob mit oder ohne Partner – auch mit ihren Einschränkungen zu akzeptieren, statt mich vom Leben betrogen zu fühlen. Dadurch gewinne ich mehr innere Freiheit und habe mehr Spielraum, meine Möglichkeiten zum Glücklichsein auszuschöpfen."
- „Bei allem möchte ich zu Gott aufschauen. Vor ihm muss ich nicht versuchen, irgendetwas darzustellen oder zu erreichen. Gott hilft mir dabei, fähig zu werden, die Umstände zu akzeptieren, die ich nicht ändern kann, und auf diese Weise zur Ruhe zu kommen."

# 7. Die Sehnsucht nach einem guten Körpergefühl

Jemand hat einmal gesagt, es sei vielleicht die größte aller Einsamkeiten, in einem Körper zu leben, den man nicht spüren kann. Doch genau das kann passieren, wenn man sich nur noch als ein Rädchen im Getriebe fühlt oder anderweitig von einem guten Körpergefühl abgeschnitten ist.

Nicht wenige Menschen suchen zuweilen körperliche Grenzerfahrungen, um den eigenen Körper intensiver wahrzunehmen. Selbst die Ekstase hat für viele etwas Verlockendes.

Auch im Sex nehmen zwei Menschen nicht nur den anderen, sondern auch ihren eigenen Körper sehr intensiv wahr. Die vielen verschiedenen Reize erzeugen gewissermaßen ein Feuerwerk von Empfindungen. Schon allein die Möglichkeit eines solchen Körpergefühls hat etwas sehr Anziehendes. Doch wenn Sex die einzige Gelegenheit ist, seinen Körper wahrzunehmen, sind wir arm dran.

## A. Weshalb wir uns nach intensiven Körpererfahrungen sehnen

Auch wenn es uns in der Fülle der Alltagsverpflichtungen nicht gerade leicht gemacht wird – wir geben den Wunsch nach einem angenehmen Körpergefühl nicht auf. Dahinter stehen drei Bedürfnisse:

*Sich mit dem ganzen Körper wahrnehmen*

Wenn über einen längeren Zeitraum nur eine bestimmte unserer Körperfunktionen oder Fähigkeiten gefragt ist, fühlen wir uns bald herabgesetzt. Wir haben den tiefen Wunsch, von anderen als ganzer Mensch gesehen werden.

Doch noch wichtiger ist es, wie vollständig wir uns sehen. Hier schränken wir uns mitunter selbst sehr ein. So nehmen wir zum Beispiel manche Körperpartien nur dann wahr, wenn Probleme auftauchen. Wir widmen einem harmlosen Pickel, einem blauen Fleck oder einem verspannten Muskel oft viel mehr Aufmerksamkeit als dem, was an und in uns makellos ist.

Eine Krankengymnastin berichtete mir, wie sie mit Patienten eine Stunde gearbeitet hatte und sie dann fragte, wie es ihnen jetzt ginge. Oft hörte sie die Antwort: „Ich spüre nichts." Das fand sie frustrierend. Erst mit der Zeit verstand sie, dass dieser Satz vor allem bedeutete: „Ich habe keine Schmerzen mehr." Dennoch: Es ist schade, dass es offensichtlich den Betreffenden nicht gelungen ist zu sagen: „Ich fühle mich gut."

Letztlich sehnen wir uns alle danach, uns auch ohne den Aufenthalt in einem Wellness-Hotel in unserer Haut wohl zu fühlen und unsere Beweglichkeit als ein Geschenk wahrzunehmen. Wir möchten in möglichst vielen Körperregionen ein angenehmes Gefühl haben. Deshalb empfinden viele Menschen beispielsweise ein erfrischendes Bad – die Berührung des Wassers am ganzen Körper – auch als besonders wohltuend.

Bisher unbeachteten Teilen unseres Körpers mehr Aufmerksamkeit zu widmen ist ein lohnenswertes Experiment. Als Paulus davon spricht, dass die verschiedenen Ämter in der Gemeinde letztlich alle von gleicher Bedeutung sind, gebraucht er das Bild vom menschlichen Körper (vgl. 1. Korinther 12) und betont die Gleichwertigkeit der verschiedenen Glieder. Das ist eine gewagte Auffassung. Oder halten Sie den kleinen Finger für genauso wichtig wie Ihre Augen? Seit einigen Monaten erfordert aber gerade der kleine Finger meiner linken Hand sehr viel Aufmerksamkeit, weil in ihm beim Basketballspielen ein Band riss. Sogar nachts, wenn ich die Augen geschlossen habe, beschäftigt er mich.

Versuchen Sie doch einmal, mehr auf die Kleinigkeiten an Ihrem Körper zu achten – und nicht nur dann, wenn es irgendwo wehtut. Wenn Sie den Blick auf bisher vernachlässigte Körperpartien richten, dann ist das für das ersehnte Körpergefühl von größerer Bedeutung als Situationen, in denen der Körper mit Reizen überflutet wird.

### *Leben statt funktionieren*

Es ist jetzt bereits über elf Jahre her, dass mir mein HNO-Arzt lapidar sagte: „Sie haben wohl zu viel um die Ohren." In der Tat: Ich war Pastor von drei Gemeinden. Gleichzeitig kümmerte ich mich darum, unser gerade gekauftes Haus bewohnbar zu machen. Nebenbei studierte ich ein wenig. Und nicht zuletzt waren wir gerade dabei, ein viertes und fünftes Kind in unsere Familie aufzunehmen. Das war für mich der totale Kollaps, der durch massiven Entscheidungsdruck und jede Menge Frust im Bauch noch verschärft wurde. Wirklich gravierend war, dass ich in diesen Wochen und Monaten das Gefühl hatte, eigentlich nur noch fremdgesteuert zu funktionieren. Ich erledigte meine Aufgaben mit dem Gefühl, dem Druck der Anforderungen hilflos ausgeliefert zu sein. Seit diesem Zusammenbruch bin ich sehr darauf bedacht, dass mir so etwas nicht noch einmal passiert.

Aber auch im „normalen" Alltagstress kann es passieren, dass wir uns selbst kaum noch wahrnehmen und überhaupt nicht mehr zu uns kommen – so sehr sind wir damit beschäftigt, unsere Aufgaben zu erledigen. Aber das müssen wir nicht hinnehmen. Als kleine Warnung hängt an der Wand über meinen Schreibtisch ein Zettel, auf dem die Frage steht: „Funktionierst du noch oder lebst du schon?"

Die Gefahr, nur noch zu funktionieren, droht natürlich allem, was wir tun. Auch Sex kann zu einer Sache werden, die einfach nur „abgehakt" wird. Aber dann gehen die Lebendigkeit und die Kreativität verloren, die Gott in unser Leben hineingelegt hat.

### *Sich und seinen Körper wahrnehmen – eine Voraussetzung für wirkliche Begegnung*

Stellen Sie sich mal einen ganz normalen Menschen vor, jemanden wie Sie oder ich. Nur der Name ist ungewöhnlich. Sagen wir, diese Person hieße Ottilie. Beim Einkaufen merkt sie, dass sie genügend Zeit zum Bummeln hat. So unterhält sie sich mit einer heiseren Kassiererin über Hustenbonbons, wechselt ein paar Worte mit einer Bekannten, die sie zufällig auf der Straße trifft, usw.

Eine Woche später ist Ottilie wieder im gleichen Supermarkt. Doch diesmal weiß sie genau: Was sie sich heute vorgenommen hat, das schafft sie nie. Unruhig verfolgt sie die Verrichtungen an der Kasse, während sie in der Warteschlange steht. Schon wenige Sekunden später kann Ottilie nicht mehr beschreiben, wie die Kassiererin aussieht. (Und vielleicht wäre es ihr sogar entgangen, wenn ein Marsmensch in der Schlange gestanden hätte.) Alles, was sie tut, erledigt sie nur mechanisch. Sie ist zwar mit anderen Menschen in Kontakt gekommen, tatsächlich ist Ottilie aber niemandem begegnet.

Was sagt uns das? Nur wenn ich mich selbst wahrnehme, kann ich einem anderen Menschen auch in meiner ganzen Persönlichkeit begegnen. Das ist wichtig, wenn es um mehr als um eine Geschäftsbeziehung oder einen belanglosen Kontakt geht.

Dies gilt auch für unsere Beziehung zu Gott. Vera sagte mir, sie wünsche sich, Gott mehr in ihrem Leben spüren zu können. Schließlich könne es nicht angehen, dass sie die Gemeinschaft mit ihm so spröde wie eine Steuererklärung empfinde. Ich riet ihr unter anderem: „Versuche dich doch erst einmal selbst intensiver wahrzunehmen, denn du bist Teil seiner Schöpfung." Glauben Sie nicht, der Körper spiele für unsere Begegnung mit Gott keine Rolle. Gott hat ihn auch dazu geschaffen.

Der folgende Vorschlag ist zwar etwas ungewöhnlich, weil er nicht so richtig zu unseren Traditionen passt, aber ich mache ihn trotzdem: Wie wäre es, wenn wir jede Anbetungszeit – ob allein oder in der Gemeinde – mit ein paar Übungen vorbereiten würden, um mit Leib, Seele und Geist zu uns zu kommen? Weshalb beginnen wir den Gottesdienst nicht gelegentlich mit ein paar kleinen Lockerungsübungen, die unser Körpergefühl unterstützen?

## B. Freundschaft mit dem eigenen Körper schließen

Wir gehen im Allgemeinen davon aus, dass wir einen Körper haben. Aber genau genommen stimmt das so nicht. Wir haben nicht einen Körper, wie wir eine Jacke, eine Wohnung und tausend andere Dinge haben, sondern wir *sind* Körper. Wenn wir unseren Körper wertschätzen, achten wir uns selbst. Wie gelingt nun eine solche Wertschätzung?

*Die Heiligkeit unseres Körpers*

Aus biblischer Sicht ist unser Körper, der uns oft profan erscheint, ein Tempel des Heiligen Geistes (vgl. 1. Korinther 6,19–20). „Heilig" heißt: hervorgehoben, ausgesondert, zu etwas ganz Besonderem bestimmt.

Was uns besonders heilig ist, ist schwer zu sagen. Aber für einen Juden wie Paulus stand das fest: Der Tempel war von allen Dingen, die man anfassen kann, das Heiligste. Wenn nun Paulus unseren Leib als Tempel bezeichnet, dann gehört unser Körper zum Heiligsten, was ein Mensch je zu Gesicht bekommen kann.

Der Tempel sollte veranschaulichen, dass Gott inmitten seines Volkes wohnt. Wenn wir unsere Aufmerksamkeit auf unseren Körper richten, bekommen wir möglicherweise eine Ahnung davon, wie nahe uns Gott ist.

Aus diesem Grund lädt uns die Bibel ein, eine gute Beziehung zu unserer eigenen Körperlichkeit aufzubauen. Damit grenzt sie sich von den Ansichten vieler Religionen ab, dass der Körper allenfalls „Verpackungsmaterial" für das eigentlich Bedeutungsvolle sei. Auch Atheisten finden oft zu keiner würdigenden Haltung gegenüber dem Körper, da dieser häufig nur als Mittel zum Zweck angesehen wird, um sich im Leben zu behaupten.

*Wie können wir mit so viel Heiligkeit umgehen?*

Wenn Gott unseren Körper würdigt, will er uns auch ermutigen, zu einer ausgewogenen Beziehung zu unserem eigenen Körper zu finden.

### Mut zum Genießen

Wenn wir uns – aus welchem Grund auch immer – entschieden haben, uns ständig den Genuss zu versagen, werden wir damit unser Leben nicht verlängern. Es kommt uns bloß länger vor.

Und wenn wir aus dem Getriebe ständiger Pflichterfüllung einfach nicht herauskommen, hilft es uns vielleicht, einmal über folgenden Satz nachzudenken: Wenn unser Körper heilig ist, liegt auch eine heilige Beauftragung darin, ihm Gutes zu tun.

### Mit sich – also auch mit dem eigenen Körper – gut umgehen

Es ist nicht im Sinne Gottes, wenn wir mit unserem Körper rücksichtslos umgehen oder ihn vernachlässigen. Deshalb sollten wir nicht gedankenlos etwas in uns hineinschütten oder hineinstopfen, das zu viel des Guten ist. Gott möchte, dass wir Freude daran finden, uns ausgewogen zu ernähren, zu bewegen und zu dem von ihm vorgesehenen Rhythmus zwischen Anspannung und Ausruhen zu gelangen.

Wenn wir in irgendeiner Weise gegen unseren Körper ankämpfen, kann das auch unsere Gottesbeziehung beeinträchtigen. Denn Gott schätzt unseren Körper, sein Meisterwerk, ganz besonders – wie sehr, können wir uns wahrscheinlich gar nicht vorstellen. Aber vielleicht hilft es ja, sich bewusst zu machen, dass wir uns eine Sache, die uns ganz besonders gut gelungen ist, auch gerne anschauen.

### Machen Sie Ihren Körper nicht zum Mittelpunkt Ihres Lebens

Wer jedoch Fitness und Wellness zu seinem Lebensinhalt macht und seinen Körper geradezu vergöttert, übt auf sich einen enormen Druck aus, der jeden Genuss erstickt. Wenn wir eine Ahnung von dem Wert unserer Körperlichkeit bekommen, haben wir es gar nicht mehr nötig, krampfhaft zu versuchen, unseren Körper zum Gott zu machen, wie es in den zahllosen Miss- und Misterwahlen immer wieder geschieht. Solche Schönheitswettbewerbe führen letztlich zu einer Missachtung der Heiligkeit des Körpers.

Sobald wir die Heiligkeit, das heißt die Besonderheit und Einzigartigkeit unseres Körpers erkennen, brauchen wir nicht mehr den ultimativen Kick, um uns überhaupt noch wahrnehmen zu können.

### *Schritte zu einem besseren Körpergefühl*

Welchen Sinn macht es, ferne Länder kennen zu lernen, wenn uns unserer eigener Körper fremd bleibt? Es wäre ein Jammer, wenn wir die Beweglichkeit unseres Körpers erst dann schätzen, wenn er in irgendeiner Weise nicht mehr richtig funktioniert.

Vor ein paar Jahren ist mir klar geworden, wie schlecht es um mein Körpergefühl bestellt ist. Nur bei besonderen Gelegenheiten wie Sporttreiben oder dem Saunabesuch konnte ich in nennenswertem Maße meinen Körper wohltuend wahrnehmen.

Ich habe mich dann auf den Weg gemacht, auf dem ich außerordentlich viel entdecken konnte: So machte ich es mir zur Aufgabe, ein Entspannungsverfahren zu entwickeln, in dem die bewährtesten Varianten, sich zu entspannen, so weit vereinfacht sind, dass man sie in fast jeder Alltagssituation einsetzen kann.

Die Palette der Möglichkeiten, sich selbst wahrzunehmen und sich dadurch im Alltagsstress Erleichterung zu verschaffen, ist schier unbegrenzt. Aus der Fülle von Anregungen, die ich in meinem Ratgeber „Einfach entspannen – So fühlt sich das Leben leichter an“

ausführlich erläutert habe, sei hier nur ein (gekürztes) Beispiel herausgegriffen:

Die einfachste Art, zu sich selbst zu kommen, besteht darin, einmal auf den eigenen Atem zu achten. Gönnen Sie sich ab und zu eine Verschnaufpause. Oft reichen schon ein paar Sekunden, in denen Sie den eigenen Atem und die Atembewegungen in Ihrem Körper bewusst wahrnehmen.

Bei dieser einfachen Übung können Sie sich auch vorstellen, wie Gott einen Hauch seines Lebensodems in Sie hineingelegt hat.

Manchmal kommen wir außer Atem. Dann spüren wir vor allem unsere Anspannung. In dem Moment, in dem wir dem eigenen Atem nachspüren, können wir auch unseren Körper intensiv wahrnehmen. Wenn wir auf diese Weise zu uns selbst kommen, fühlen wir uns schon etwas weniger gestresst. Und vielleicht können wir dann auch spüren, dass uns unser Schöpfer erstaunlich nahe ist.

## C. Körpergefühl und Sexualität

Wenn Gott uns heiligt, umfasst das unser ganzes Leben. Und kein Teil unseres Körpers ist davon ausgenommen.

Nun hat es Gott gefallen, die Menschen in zwei Grundausstattungen zu erschaffen. Wie können wir also gut mit der eigenen, von Gott geheiligten Sexualität leben?

### *Sich mit allen Sinnen wahrnehmen*

Wenn wir uns in unterschiedlichen Lebensbereichen immer wieder intensiv wahrnehmen, brauchen wir uns auch nicht in dem (natürlich vergeblichen) Bemühen zu verfangen, durch Sex auch den Mangel auszugleichen, dass wir unseren Körper kaum noch bewusst wahrnehmen. Wenn das sexuelle Verlangen einen zu großen Raum in unseren Gedanken einnimmt, hilft es vielleicht, darüber nachzudenken, welche anderen Möglichkeiten es noch gibt, den eigenen Körper wahrzunehmen.

Beispielsweise könnte ungezwungene Bewegung an der frischen Luft helfen, innere Spannungen abzubauen.

Schauen Sie sich immer wieder um, was es in der Natur an Schönem zu entdecken gibt. Setzen Sie dabei möglichst alle Sinnesorgane ein. Genießen Sie es, wie der Wind über Ihr Gesicht streift, die Blätter rauschen, und hören Sie auf das Singen der Vögel. Riechen Sie die Würze in der Luft und schmecken Sie die Erfrischung des Wassers. Achten Sie einmal stärker darauf, all den Schöpfungsideen Gottes die Aufmerksamkeit und Wertschätzung zukommen zu lassen, die ihnen zustehen.

Wenn Sie lernen, inmitten des Alltags zur Ruhe zu kommen und die schönen Dinge des Lebens zu genießen, stärkt das auch die Abwehrkräfte gegen das Gefühl der Einsamkeit.

Und vernachlässigen Sie sich selbst nicht. Sie sind ein Wunder – ganz unabhängig davon, ob andere Menschen Sie schön finden oder nicht. Und in der himmlischen Welt existieren sowieso andere Ideale.

Halten wir fest: Sex ist eine prickelnde Körpererfahrung. Aber er ist längst nicht die einzige Möglichkeit, sich selbst und seinen Körper intensiv wahrzunehmen. Wenn es so wäre, wären wir bedauernswerte Kreaturen, denn auch den meisten Verheirateten ist die sexuelle Begegnung nicht ständig möglich (und auch gar nicht das, was man jeden Tag haben muss und möchte). Aber ein Tag ohne ein angenehmes Körpergefühl ist wie ein Bild ohne Farbe.

### *Mehr als nur Geschlechtsteile*

Im Genitalbereich gibt es besonders viele Nervenenden. Das ist auch ein Grund dafür, dass eine Berührung der Geschlechtsteile als sehr intensiv empfunden wird. Diese Tatsache sollte aber nicht über unser Bedürfnis hinwegtäuschen, uns mit unserem *ganzen Körper* wahrzunehmen. Schließlich gibt es noch mehr an unserem eigenen Körper zu entdecken.

Und auch, was den Geschlechtsverkehr betrifft, ist es ziemlich einschränkend, wenn sich die Berührungen zu sehr auf die Genitalien konzentrieren. Denn die Fixierung auf die Geschlechtsteile kann bewirken, dass wir uns als Person reduziert fühlen.

### *Auch die anderen sind heilig*

Wenn unser Körper heilig ist, heißt das, dass wir nicht nur uns selbst, sondern auch anderen Menschen sensibel und mit Ehrfurcht begegnen sollten.

Keine Frau ist dazu geschaffen, einen Mann zu befriedigen. Und umgekehrt gilt das Gleiche. Es führt nur zu Überforderungen und Frust, wenn jemand den anderen „verschlingen" will, weil er sich selbst nicht mehr wahrnehmen (und ausstehen) kann.

Ich habe einmal in einer Predigt vor überwiegend jungen Menschen über die Heiligkeit unseres Körpers gesprochen. Darin forderte ich die Anwesenden auf, ihrem Sitznachbarn zuzusprechen: „Du bist heilig und dein Körper ist es auch." Dies ist eine unbestreitbare Tatsache. Dennoch war es gewagt, eine solche Aufforderung auszusprechen. Nicht jeder möchte auf seinen Körper angesprochen werden. Außerdem war ich nicht sicher, ob es uns gelingt, bei diesem Satz den sexuellen Aspekt und alle damit verbundenen Peinlichkeiten ganz außer Acht zu lassen. Es wäre bedauerlich, wenn wir immer gleich an Sexualität denken müssten. Und wenn wir die Menschen um uns herum als geheiligt ansehen, dann sollten wir natürlich nicht nur das begehrte Geschlecht, sondern auch unser eigenes im Blick haben. Übrigens: Wenn wir erkannt haben, dass ein Mensch und sein Körper heilig sind, wird damit unser Gegenüber für uns unantastbar. Um diese Unantastbarkeit aufzuheben, bedarf es einer heiligen Handlung: der Eheschließung.

### *Zur Ehre Gottes leben*

Paulus fordert uns auf: „Ob ihr nun esst oder trinkt oder was ihr auch tut, das tut alles zu Gottes Ehre" (1. Korinther 10,31).

Wenn wir die Heiligkeit unseres eigenen Körpers und der des anderen besser verstehen, lichtet sich der Wald aus Gebots- und Verbotsschildern. Dann sind wir nämlich selbst immer mehr in der Lage zu erkennen, was angemessen ist. Uns wird klar, was es heißt, den Tempel des Heiligen Geistes nicht zu verunreinigen, sondern ihm mit Hochachtung zu begegnen.

Dietrich Bonhoeffer verleiht in einem seiner Brautbriefe an seine Verlobte dem Wunsch Ausdruck, ihre Ehe als ein Ja zu Gottes Schöpfung zu betrachten und in dieser Haltung zu leben. Uns ist im Umgang miteinander oft nicht bewusst, was es bedeutet, Geschöpfe Gottes zu sein. Aber sicher ist, dass Gott auch die intimsten Begegnungen in den größeren Zusammenhang seines Schöpfungshandelns stellt.

Egal, ob Sie Single oder verheiratet sind: Sie können stets in dem Bewusstsein leben, dass Ihr Körper heilig ist. Durch diese ehrfurchtsvolle Haltung und die Würde, mit der Sie Ihr Leben meistern, ehren Sie Gott.

Weil wir teuer erkauft und damit unendlich wertvoll sind, fordert Paulus uns auf: „Preist Gott mit eurem Leibe“ (1. Korinther 6,20). Wir haben noch viel zu lernen, um zu verstehen, was das konkret bedeutet!

## Fazit

Unser Körper ist ein Tempel des Heiligen Geistes. Ihm eine solche hohe Würdigung zu erteilen – darauf wären wir von selbst wahrscheinlich nie gekommen. Deshalb steht es in der Bibel.

Was heilig ist, kann man nicht besitzen oder besetzen, weil es immer größer ist, als wir erfassen können. Somit ist auch das, was in der Sexualität diesen „Tempeln“ geschieht, etwas Heiliges. Und ich finde es eigentlich erstaunlich, dass Gott einen Menschen für würdig genug betrachtet, ihm so etwas Heiliges wie die Sexualität zu schenken.

Wenn wir auf die von Gott geschenkte Heiligkeit unseres Körpers schauen, statt uns, was unsere sexuelle Seite betrifft, mit überzogenen Wertmaßstäben verrückt zu machen, wird es uns immer mehr gelingen, mit der eigenen Sexualität versöhnt – und damit entspannt – zu leben. Dann werden wir erkennen, dass es alles andere als existenziell ist, ob wir (besondere) sexuelle Erfahrungen machen oder nicht.

## Impulse zum Nachdenken

- „Manchmal macht es mir die äußere und innere Anspannung nicht leicht, mich und meinen Körper bewusst wahrzunehmen. Aber zumal es viele Möglichkeiten gibt, Körpererfahrungen zu machen und zu genießen, möchte ich im Alltag immer wieder versuchen, zu mir zu kommen."
- „Wie heilig unser Körper ist, habe ich vielleicht noch nicht in seiner ganzen Tiefe erfasst. Aber ich will meinem Körper immer wieder Wertschätzung entgegenbringen – ohne ihn zu vergöttern."
- „Auch anderen Menschen will ich mit Würde und Ehrfurcht begegnen und auf diese Weise Gott, der alles geschaffen hat, ehren. Auf Gott zu schauen und mir bewusst zu machen, dass auch meine Mitmenschen einen heiligen Körper haben, hilft mir, umsichtiger mit meinen sexuellen Bedürfnissen umzugehen."

# Ausblick

Wenn es um Sexualität geht, dann wird unsere Geduld oft ziemlich herausgefordert. Wir leben in einem Spannungsfeld: Unsere Möglichkeiten, zur echten, *wahren* sexuellen Erfüllung (wie Gott sie sich gedacht hat) zu kommen, passen gar nicht zum Bestreben in unserer Kultur, möglichst alles jetzt und sofort zu bekommen.

Es gab mal eine Zeit, in der die Mädchen und Jungen mit 17 geschlechtsreif wurden und zum größten Teil mit 18 heirateten. Heute liegen zwischen dem Erwachen der sexuellen Lust und der Eheschließung auf jeden Fall viele Jahre und für nicht wenige eine ganze Ewigkeit. Wer auch immer Sie zu Hause erwartet (oder auch nicht): Wir alle stehen vor der Herausforderung, die Kluft zwischen Traum und Wirklichkeit zu meistern. Folgende Ideen können Ihnen dabei helfen:

### *Befreiung von Illusionen*

Am besten ist es, Sie reißen nach und nach alle Luftschlösser ab, die Sie sich vielleicht in puncto Sexualität errichtet haben. Dazu gehört natürlich auch die Annahme, wir könnten Liebe und Sexualität so einfach „machen", wie man irgendeine Sache verrichtet. Wer seine Grenzen kennt, kann sich innerhalb dieser Umgrenzungen gut bewegen und muss nicht vor Unsicherheit vergehen. Mit Hilfe der folgenden Punkte können Sie Ihre „Grenzsteine" entdecken:

- Manchmal fragen wir uns vielleicht, wie viel Zuneigung wir dem anderen tatsächlich geben können. Möglicherweise – so mutmaßen wir dann – beruhen unsere Beziehungen vor allem auf der Tatsache, dass wir einander brauchen. Vielleicht sind wir gar nicht fähig, einander bedingungslos zu lieben, weil wir dafür viel zu bedürftig sind. Es wäre vermessen, solche Zweifel völlig ausräumen zu wollen.
- Alle Fragen rund um Liebe und Sexualität werden wir nicht lösen können wie eine Mathematikaufgabe. Unter allem Unergründlichen ist und bleibt die Begegnung zwischen den Geschlechtern etwas besonders Geheimnisvolles.
- Unsere ganze Bedürftigkeit kann man sich als eine Pyramide vorstellen, die aus verschiedenen Ebenen besteht. Wenn auf einer Ebene etwas fehlt, hilft es nicht, auf einer anderen etwas hinzuzufügen. Konkret heißt das: Wenn ich mich einsam fühle, nützt es mir nichts, wenn ich gerade meinen Wohlstand vermehrt habe. Wenn es in der Partnerschaft kriselt, kann ich die Probleme nicht durch berufliche Erfolge ausgleichen. Meine Minderwertigkeitsgefühle lassen sich nicht durch Sex aus der Welt schaffen. Generell gilt: Wir selbst können durch unseren Aktionismus die Löcher in unserer Seele nicht stopfen.
- Zwar ist es möglich, dass zwei Menschen ein bedingungsloses Ja zueinander finden und ihre Liebe in der sexuellen Begegnung zum Ausdruck kommt. Aber die Intimität kann die Liebe nicht *erzeugen*. Und natürlich führen sexuelle Erfahrungen allein noch nicht zu einem erfüllten Leben.
- Wir können füreinander nicht den Himmel auf Erden errichten. Und unser Bild vom Traumpartner wird niemals mit der Wirklichkeit übereinstimmen. (Was würde es auch für einen unerträglichen Druck erzeu-

gen, wenn die Menschen um uns herum vollkommener wären, als wir es selbst nun mal sind!)
- Schon oft haben wir uns erhofft, dass ein anderer uns unablässig zeigt, wie wertvoll wir sind, damit wir nie wieder daran zweifeln müssen. Doch dazu müsste er ganz von sich selbst und der eigenen Bedürftigkeit wegsehen können. Das wird nur in seltenen Momenten möglich sein.

### *Worauf es ankommt*

Wenn wir über Liebe und Sexualität nachdenken, stoßen wir unweigerlich auf die Tatsache, dass wir nicht auf Wolke sieben, sondern in einer gefallenen Schöpfung leben. Es gibt niemanden, der einen anderen hundertprozentig lieben kann. Doch gerade dieser Mangel kann uns in die Arme Gottes treiben. Wir können uns sicher sein, dass er uns versteht. Gott hat schon lange vor uns und noch viel intensiver als wir die Enttäuschung einer unbeantworteten Liebe durchlitten.

Václav Havel hat einmal gesagt: „Hoffnung ist nicht die Überzeugung, dass etwas gut ausgeht, sondern die Gewissheit, dass etwas Sinn hat, egal, wie es ausgeht."

Dass noch viele Wünsche offen und Bedürfnisse unerfüllt bleiben, stellt den Sinn unseres Weges nicht infrage. Auf eine erneuerte Einstellung kommt es an: Solange wir uns damit aufhalten, nur noch unsere Schwierigkeiten zu beklagen, blockieren wir uns selbst. Sobald es gelingt, den Einschränkungen mehr zuzustimmen, weitet sich unser Horizont. Dabei wird auch deutlich, dass wir für einen Menschen nicht einmal Wohlwollen, geschweige denn Liebe empfinden könnten, wenn Gott uns in seiner Liebe zu diesem Menschen nicht schon lange vorausgegangen wäre.

Albert Schweitzer hat gesagt, dass das Wenige, das

wir tun können, oft viel ist. Fangen wir also an, unsere Bedürfnisse besser verstehen zu lernen und mit unrealistischen Erwartungen aufzuräumen. Dann werden wir immer mehr erkennen, was wir wirklich brauchen, um ein erfülltes Leben zu führen, und was nicht.

### *Gottes ausgestreckte Hand*

Im Johannesevangelium wird von einer Frau erzählt, die großen Durst nach Geborgenheit hatte. In Sachen Liebe und Sexualität war sie mehrmals gescheitert: Nach fünf Ehen hatte sie es wohl bei einem sechsten Mann nicht mehr gewagt, sich zu binden. Vermutlich hatte sie sich schon oft gefragt, was eigentlich mit ihr los war. Doch das brachte sie ebenso wenig weiter wie der Rat anderer Menschen.

In dieser Situation begegnete ihr Jesus. Er wusste, wie sie versucht hatte, ihren Durst zu stillen, und nannte ihr Unerfülltsein unverblümt beim Namen. Aber statt sie für ihre Fehler zu verurteilen, sagte er ihr etwas, das auch wir nicht gleich verstanden hätten: „Wer aber von dem Wasser trinken wird, das ich ihm gebe, den wird in Ewigkeit nicht dürsten, sondern das Wasser, das ich ihm geben werde, das wird in ihm eine Quelle des Wassers werden, das in das ewige Leben quillt" (Johannes 4,14).

Auch wir haben Durst nach vielen Dingen, vor allem aber nach tiefer Geborgenheit in Beziehungen. Und oft sind wir es leid, unserem eigenen Mangel und der Bedürftigkeit anderer hinterherzulaufen. Jesus sagt uns: „Das ist nicht nötig. Du brauchst nicht zu irgendwem zu rennen, weil du es nicht mehr aushältst. Denn du hast die Quelle in dir, die all deinen Mangel ausfüllt: der Heilige Geist, der dich stärkt, aufrichtet, tröstet, wertschätzt und ermahnt ..."

Das lebendige Wasser ist keine Formel, keine Rezeptur, um unsere Sehnsüchte doch noch irgendwie in den Griff zu bekommen. Es geht um eine tiefe Beziehung, in der wir Gottes Liebe begreifen und uns von ihr inspirieren lassen.

Die Frau ließ ihren Krug stehen. Sie vergaß ihre Bedürftigkeit, weil nun etwas anderes viel wichtiger war. Sie hatte eine Ahnung davon bekommen, wie sehr Gott sie liebte. Und wie nah er ihr gekommen war und wie sehr er sie führen wollte. Nun konnte sie ihr Leben mit all ihren gescheiterten Beziehungen und unerfüllten Sehnsüchten aufräumen.

Schließen Sie doch jetzt einmal für einen Moment die Augen, um sich besser vorstellen zu können, wie Gott auf Sie zukommt und Ihnen sagt: „Ich kann deinen Durst stillen, und ich bin längst dabei, es zu tun."

Wenn Sie diesen Satz ganz nah an sich heranlassen, fassen Sie Mut für die nächsten kleinen Schritte, die Ihnen helfen werden, (noch mehr) Geborgenheit bei Gott zu finden.

# Tipps und Adressen, die weiterhelfen

## Tipps und Adressen, die weiterhelfen

### Hilfe zum Thema „Versöhnt leben"

Ein Ja zu den unabänderlichen Gegebenheiten des Lebens finden und unseren Handlungsspielraum ausschöpfen – das gehört ein Leben lang zu unseren größten Herausforderungen. Dabei möchte Sie Dr. Dietmar Pfennighaus nicht nur durch seine Bücher begleiten:

*Rundbriefe*

Sie können einmal monatlich per E-Mail einen kostenfreien Rundbrief erhalten, der Sie mit konkreten Tipps rund um ein entspanntes und versöhntes Leben sowie einem biblischen Impuls durch den Alltag begleitet. Bestellung unter www.iboa.de

*Seminare*

Eine intensivere Erfahrung kann der Besuch eines Seminars mit dem Autor sein. Hier werden – soweit wie es die Teilnehmer möchten – kreativ Schritte zu einem befreiteren Lebensgefühl ausprobiert.

Informationen können Sie anfordern bei:

Initiative Brennen ohne auszubrennen (IBOA)
c/o Dietmar Pfennighaus
Cyriaxstraße 16, D-35043 Marburg
Tel.: 06421/3400691
Fax: 06421/3400693
E-Mail: info@iboa.de
Internet: www.iboa.de

*Befreiende Lösungen durch Aufstellungen*

Immer wieder bestimmen uns unerklärliche Gefühle, die ihre Wurzeln in früheren Erfahrungen haben. Um diese unbewussten Zusammenhänge aufzudecken und zu befrieden, sind Systemaufstellungen ein sehr wirksames Instrument. Ein Netzwerk aus erfahrenen Fachleuten bietet auf biblischem Hintergrund und mittels einer sehr behutsamen Vorgehensweise entsprechende Seminare an.

Informationen können Sie anfordern bei:
Netzwerk für Versöhnung in Beziehungen
Tel.: 06421/3400692
Fax: 06421/3400693
E-Mail: info@versoehnt.de
Internet: www.versoehnt.de

## Hilfe bei sexuellen Problemen

www.weisses-kreuz.de
Beratung sowie Verzeichnis der Beratungsstellen, Arbeitskreise und Seminarangebote des Weißen Kreuzes in Deutschland. Der Verein bietet unter anderem Hilfe bei sexualethischen Fragen und Sexualberatung an.

www.wuestenstrom.de bzw. www.wuestenstrom.ch
Internetseiten für Menschen mit Fragen und Problemen zu den Themen „Mann- und Frausein/Identität", „Missbrauch", „Sexualität" und „Sexsucht".

www.anonyme-sexsuechtige.de
Diese Internetseite enthält unter anderem einen Fragebogen zum Problem: „Bin ich sexsüchtig oder nicht?"

www.porno-frei.ch
Diese Seite ist eine Koproduktion zwischen Livenet.ch und dem Männerforum Schweiz und bietet neben einem Internetfilter Wissenswertes, Hilfestellungen und Foren zu den Themen „Pornosucht", „Sexualität" und „Beziehung" an.
Unter www.sex.jesus.ch gibt es zudem ein umfangreiches Dossier für Hilfesuchende zum Thema „Internet-Sexsucht" sowie einen Sex-Newsletter.

## Erste Orientierungshilfe für christliche Seelsorge, Beratung und Therapie

Leben im Kontext e.V.: Der Beratungsführer. Seelsorge und Therapie in christlichen Einrichtungen 2005/2006. R. Brockhaus 2005.
Vorstellung von über 200 Einzelpersonen und christlichen Einrichtungen. Die „Gelben Seiten“ für christliche Beratung und Seelsorge.
www.lebenimkontext.de

www.c-stab.de
C-STAB ist eine überkonfessionell, interdisziplinär und regional organisierte Datenbank christlicher Seelsorger, Therapeuten, Ärzte und Berater.

www.christliche-lebensberatung.de
Eine Internetseite mit einer sehr umfangreichen Liste von christlichen Therapie- und Seelsorgeangeboten in Deutschland.

## ⋯› Wohin mit dem Lust-Frust?

Joshua Harris:

**Frösche, Prinzen und der Frust mit der Lust**

Taschenbuch, 144 Seiten
Bestell-Nr. 815 996

Gott hat uns als sexuelle Wesen geschaffen. Doch die Kehrseite einer gesunden Sexualität heißt Begierde – sexuelles Verlangen nach etwas, das gegen Gottes Plan läuft. Männer und Frauen haben gleichermaßen mit diesen Versuchungen zu kämpfen.

Doch was kann man dagegen tun? Totale Selbstbeherrschung funktioniert nicht und sich einfach seinen sexuellen Impulsen hinzugeben ist auch nicht der richtige Weg.

Joshua Harris zeigt einen biblischen Weg, der der Begierde den Kampf ansagt. Er macht deutlich, dass Gott uns nicht den Spaß verderben will, sondern darum, dass er etwas viel Besseres für uns im Sinn hat! Es geht also nicht darum, gegen etwas zu sein, sondern sich mit ganzem Herzen für etwas einzusetzen – für Gottes Willen in unserem Leben, der auch unsere Sexualität mit einschließt!